頭皮で解決！

髪のエイジング・トラブル

Aging Trouble Hair

監修／永本玲英子（サロン・ド・リジュー）

はじめに Introduction

check!

- □ ボリュームダウンが気になる…
- □ 白髪が多い…
- □ カラーがすぐ落ちる…
- □ 薄毛が気になる…
- □ 髪がうねる…
- □ アホ毛がたくさん…
- □ 髪が傷んでいる…
- □ 頭皮がにおう…
- □ 抜け毛が増えた…
- □ 髪にハリ・コシがない…

あなたの髪トラブルは、
エイジング＝加齢が
原因かもしれません。

本書では、
エイジングのトラブルを
頭皮のエイジングケアで
解決します !!

Part 1
トラブルの原因と改善
▶ 18ページ 〜

Part 2
**エイジングのための
シャンプー・テクニック**
▶ 40ページ 〜

Part 3
**1日中キープ！
スタイリング・テクニック**
▶ 62ページ 〜

Part 4
いつでも自信のある髪に
▶ 78ページ 〜

Bonus track
全身ケアから髪を美しく
▶ 100ページ 〜

これぞ、
エイジングケアの
バイブルです♥

Part 2

トラブルに負けない頭皮を作る！
エイジングのためのシャンプー・テクニック

"シャンプー" どうしていますか？ …… 40
頭皮をよく洗うことがエイジングケアの基本 …… 42
シャンプー剤についてひとつ… …… 44

Better1 ブラッシング …… 46
Better2 入浴 …… 47
Step1 シャンプー［1回目］…… 48
Step2 シャンプー［2回目］…… 50
Step3 トリートメント …… 54
Step4 タオルドライ …… 56
Special スペシャルケア …… 57
シャンプー Q&A …… 58

Part 3

エイジングに負けない！
簡単スタイリング・テクニック

スタイリングがうまくいかない… …… 62

夜のヘアドライ&スタイリング …… 64
朝のスタイリング準備 …… 68
タイプ別スタイリング …… 69
スタイリング剤について …… 73
スタイリング Q&A …… 74

Contents

はじめに …… 2

Prologue

その日は突然やってくる…　髪のエイジング・トラブル

気づいたら髪の調子が悪いまま …… 8
トラブルの原因は髪ではなく頭皮にあり …… 10
頭皮ケアをすることで健康な頭皮と髪に …… 12
エイジングの変化とゆるやかにつき合っていく …… 14

Part 1

原因と改善法がわかる！
あなたのトラブル・リスト

エイジング・トラブル
まずは原因を知り、状態を整える …… 18

Trouble1　頭皮がにおう …… 20
Trouble2　頭皮が赤い …… 21
Trouble3　頭皮が乾燥する …… 22
Trouble4　頭皮が固い …… 23
Trouble5　髪がベタつく …… 24
Trouble6　髪がパサパサ …… 25
Trouble7　白髪が多い …… 26
Trouble8　髪のボリューム不足 …… 27
Trouble9　薄毛、髪が細い、分け目が目立つ …… 28
Trouble10　髪にハリ・コシがない …… 30
Trouble11　髪にツヤがない …… 31
Trouble12　髪が傷んでいる …… 32
Trouble13　アホ毛が多い …… 33
Trouble14　髪のうねり、くせ毛 …… 34
Trouble15　抜け毛が多い …… 36

Part 4

繰り返すトラブルとはさよなら!
いつでも自信のある髪に

エイジングの悩み、あきらめていませんか? …… 78

Question1　カラーがうまく染まらないのはなぜ? …… 80
Question2　縮毛矯正を繰り返して髪がゴワゴワ …… 82
Question3　白髪染めがすぐ落ちる。どうしたらいい? …… 84
Question4　育毛剤って効くのでしょうか? …… 86
Question5　根元のボリュームが出ない …… 88
Question6　朝おさえてもうねりや広がりが出てくるのはなぜ? …… 90
Question7　サラサラしたつやめく髪になるには …… 92
Question8　満足できる髪型が見つからない! …… 94
髪の Q&A …… 96

Bonus track

エイジングは体にも… 全身ケアから髪を美しく!

髪は体内を映し出す鏡 …… 100
必要な栄養素をとる食生活 …… 102
めぐりの良い体作り …… 104
専門サロンでヘアケア …… 106

おわりに …… 108

column1　頭皮と髪の構造 …… 16
column2　ヘアサイクル(毛周期)について …… 38
column3　シャンプー剤の選び方 …… 60
column4　1日1分、頭皮マッサージ …… 76
column5　白髪染めのタイプと染まり方 …… 98

Prologue

プロローグ

その日は突然やってくる…

髪の
エイジング・トラブル

Aging trouble

トラブルの原因が
加齢……!?

気づいたら髪の調子が悪いまま

トラブルは なぜ起きる？

急に出てきたやっかいなくせ毛、根元のボリュームが出ない、白髪が増えた、頭皮がにおうなど、エイジング世代と言われる年代の女性に起こる、髪と頭皮の突然のトラブル。ストレスや過度なダイエット、病気などでもこのような症状になることがありますが、思いあたるようなことがない場合は、エイジング＝加齢によるエイジング・トラブルかもしれません。

　加齢とともに、シワ、シミ、肌のたるみ、ホルモンバランスの乱れなど、顔や体にはさまざまなトラブルが出てきますが、髪と頭皮のトラブルもこれと同じと言えます。体質によってその程度は人さまざまですが、残念ながらエイジング・トラブルは避けられません。

体も髪も 年をとる

トラブルが 起きるのは 避けられない！

起きたトラブルを 元に戻すには？ ←

トラブルの原因は
髪ではなく頭皮にあり

頭皮は土、髪は植物。

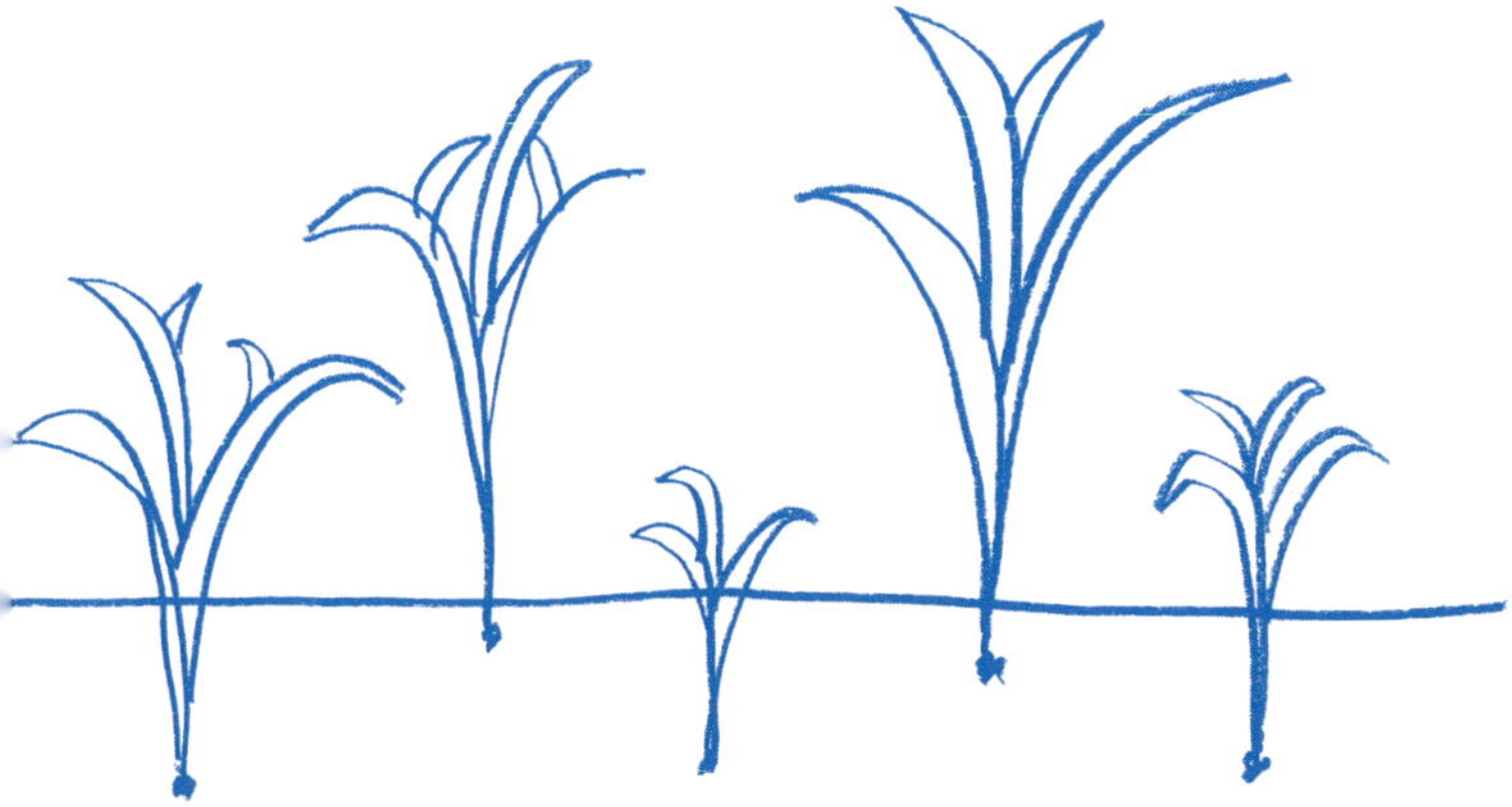

良い土壌（頭皮）がないと、
良い植物（髪）は育ちません。

毛幹は死んだ細胞だった!!

毛髪は頭皮にある毛母細胞が分裂を繰り返すことによって生えてきます。肌と一緒で、表皮に出てきた時点で細胞は角化（＝角質化）しており、すでに役目を終えています。毛髪が伸びるのは毛母細胞から層のように角化した細胞が押し上げられてくるからです。トラブルを起こした毛幹自体には修復する能力はなく、ケアをすることで改善はできますが、最初からトラブル知らずの毛髪を生やすためにはどうしたら良いでしょうか?

※頭皮と髪の構造は16ページへ

頭皮を土壌、髪を植物と考えてみてください。良い土壌があれば、良い植物が育ちます。エイジング・トラブルの鍵は〝頭皮〟にあると言えます。まずは頭皮の状態を整えることが重要です。

毛母細胞からトラブル知らずの毛髪を生やす!

エイジング・トラブル解決の鍵は“頭皮”

頭皮をケアするには方法があります

頭皮ケアをすることで健康な頭皮と髪に

心がけたい頭皮ケア

☑ エイジングのための正しいシャンプー・テクニック

▶ 頭皮の状態を整える、毛穴ケアができる

（46 ページ〜）

☑ シャンプー・マッサージ

▶ 頭皮を刺激し、血行を促進する

（51ページ）

☑ 1日1分の頭皮マッサージ

▶ 血行促進、自律神経を整える

（76 ページ）

☑ 良質な食事・睡眠・体作り

▶ 頭皮に良い栄養素・酸素を送る

（102 ページ〜）

ポイントは
血行促進と
毛穴ケア!

人の体は加齢とともに老化していきます。頭皮の状態も乱れがちになり、毛穴の脂はつまりやすくなり、さまざまなエイジング・トラブルを引き起こします。トラブル回避のポイントは、頭皮の状態を整え、毛穴の脂をつまらせないこと。そのために毎日の頭皮ケアを心がけましょう。

頭頂部には帽《ぼう》状《じょう》腱《けん》膜《まく》という膜が張りめぐらされ、その延長に筋肉がありますが、この筋肉自体では動くことができません。マッサージで筋肉を刺激して血行を促進し、栄養と酸素とホルモンを十分に頭皮にめぐらせ、頭皮の状態を整えます。そして、エイジングのためのシャンプー方法で頭皮の脂をとり、清潔に保ちます。

頭皮の状態を整えて
エイジング・トラブル
に打ち勝つ!

良い頭皮の
触り心地とは?

指の腹を頭頂部にあてて
左右に動かすと、
スッと地肌だけで
ゆるむように動くこと。
張っていると固く動きにくく、
むくんでいる場合は
頭皮はやわらかいが、動きが悪い。

それでもエイジング・トラブルが出てきた場合には…

エイジングの変化と
ゆるやかにつき合っていく

意識を変えて、
大人の女性らしい
新しい美しさを！

エイジングには逆らえない

　残念ながら頭皮や髪のエイジングに逆らうことはできません。ただ、頭皮ケアを続けることで、エイジングによるさまざまなトラブルを最小限でおさえることができます。若い頃の髪とは変わりつつあるかもしれませんが、意識を変えて、今の自分に似合う美しさを見つけていきましょう。

　本書では、エイジングのトラブルに合わせた原因・改善方法、正しいシャンプー方法、ケアの仕方を紹介していきます。さらに、エイジング世代には重要な白髪染めやパーマの話も。時には自分ひとりで抱えこまず、相談できる美容師さんや専門のサロンを探すのもいいでしょう。エイジング・トラブルを受け入れながら、新しい自分の美しさを探していきましょう。

起きてしまった
トラブルは
最小限におさえる
ことが重要!!

エイジングに逆らわない美しさを

あなたのトラブルは？
原因と改善法を探りましょう

column 1

頭皮と髪の構造

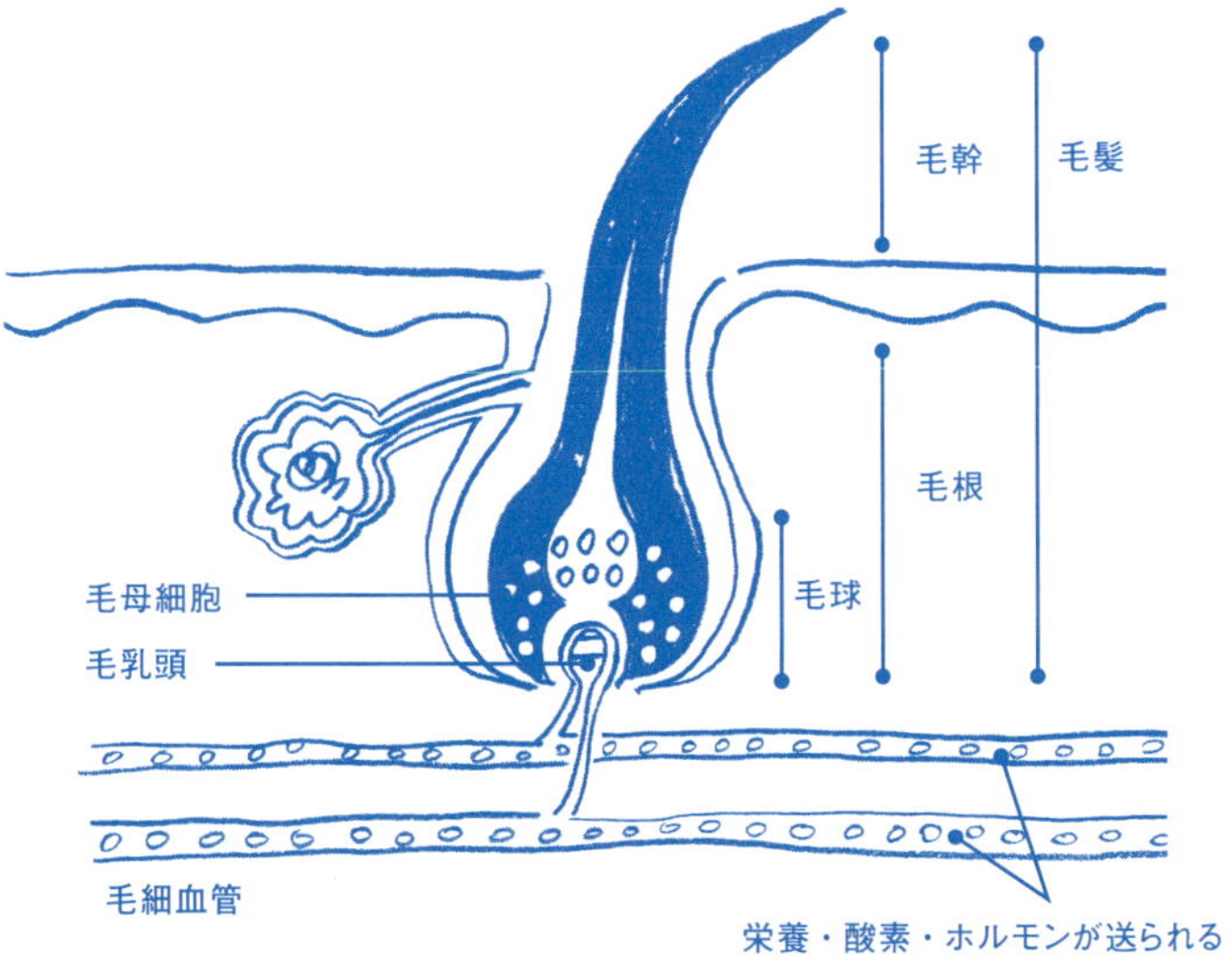

髪は毛母細胞から分裂して成長する

発毛に必要なタンパク質やビタミンB群などの栄養と酸素とホルモンは、頭皮の中に張りめぐらされている毛細血管によって運ばれます。それらをエネルギーにして毛母細胞が増殖し、分裂を繰り返すことによって成長したのが毛髪（毛根と毛幹）です。毛乳頭が毛母細胞に対して毛髪の成長を促し、毛根から押し上げられるように毛髪が成長していきます。毛髪の本数は生まれた時点で決まっており、日本人の場合、平均で約10万本です。

Part 1

パート1

原因と改善法がわかる!

あなたのトラブル・リスト

Trouble list

ポイントは
頭皮!

エイジング・トラブル
まずは原因を知り、状態を整える

ポイントは頭皮！

このパートでは、トラブルに応じた原因と改善法を紹介していきます。改善のポイントはプロローグで述べたとおり、頭皮の状態を整えること。毛穴

あなたのトラブルは
どんな状態？

ケアや血行を促進して症状を軽減します。ただし、原因のすべてがエイジングとは限りません。紫外線、ストレス、食生活、カラーリングやパーマのダメージなどの影響から出る症状もあることを忘れずに。
　毎日のシャンプー方法を変えてみる、髪を保湿する、これだけで手触りも見た目も変わってきます。ですが、頭皮の状態を根本から整え、健康な髪を生やすにはヘアサイクル（38ページ参照）を考慮したある程度の時間が必要です。頭皮や髪の状態に合わせたケアを心がけ、継続していきましょう。

go!

←

1 **頭皮がにおう**
▶ 20 ページ

2 **頭皮が赤い**
▶ 21 ページ

3 **頭皮が乾燥する**
▶ 22 ページ

4 **頭皮が固い**
▶ 23 ページ

5 **髪がベタつく**
▶ 24 ページ

6 **髪がパサパサ**
▶ 25 ページ

7 **白髪が多い**
▶ 26 ページ

8 **髪のボリューム不足**
▶ 27 ページ

9 **薄毛、髪が細い、分け目が目立つ**
▶ 28 ページ

10 **髪にハリ・コシがない**
▶ 30 ページ

11 **髪にツヤがない**
▶ 31 ページ

12 **髪が傷んでいる**
▶ 32 ページ

13 **アホ毛が多い**
▶ 33 ページ

14 **髪のうねり、くせ毛**
▶ 34 ページ

15 **抜け毛が多い**
▶ 36 ページ

Trouble 1

頭皮がにおう

頭皮を触った指が脂くさい。
汗をかくとにおいを
強く感じることも。

男性のような脂のにおい。
とくに夕方から強くなります。
髪の毛もベタついている気がします。

Point

においは頭皮の毛穴づまりのシグナル。
食生活の改善と頭皮ケアで清潔を保つ。

原因

皮脂分泌量が多く、毛穴がつまっている

・毛穴づまり＝加齢、食生活の乱れ、ストレス、ホルモン変化などにより皮脂分泌量が多くなり、毛穴に脂がつまり、シャンプーでは落としきれていない。常在菌と結びつきにおいが発生している。

←

トラブル

脂のつまりで頭皮が炎症を起こす
赤み、かゆみ、フケや抜け毛の原因にも

←

改善方法

食生活の改善と頭皮ケアで頭皮を清潔に

食事で脂質類が増え、野菜類が減ると頭臭も強くなる。タンパク質、ビタミン、ミネラルを取り入れて、食生活の改善を。不規則な生活になっていないか見直す。シャンプーは良質な洗浄成分のものを使って、2回洗いでしっかり脂をとる（46ページ参照）。

※正しいシャンプーで頭皮を清潔に ▶ 46 ページへ
※必要な栄養素をとる食生活 ▶ 102 ページへ

Trouble 2

頭皮が赤い

分け目から見える頭皮が赤い
頭皮全体が赤茶色状態。

美容師さんから
「頭皮が赤くなっている」と言われます。
理想的な青白い頭皮に
なりたいのですが……。

Point
血行不良、頭皮の脂による頭皮の炎症。
頭皮マッサージで血流をアップさせる。

原因

頭皮の炎症による赤み
根本の原因を探り解消する

・血行不良＝ストレスや体調不良、首や肩のこりなど。
・毛穴づまり＝皮脂分泌量が多く、脂が蓄積して炎症を起こす。
・炎症＝シャンプーや整髪料の成分が強く、頭皮に合っていない。

←

トラブル

かゆみ、フケの発生、抜け毛が増える

←

改善方法

血流を良くし、無理な刺激を与えないように

かゆみがあってもかかないように。シャンプーや整髪料は刺激のないものを選び、指の腹でやさしくマッサージするようにシャンプーする（46ページ参照）。頭皮をマッサージして血流をアップさせるとともに体のこりを解消する。

※正しいシャンプーで頭皮を清潔に ▶ 46 ページへ
※１日１分の頭皮マッサージを ▶ 76 ページへ

Trouble 3

頭皮が乾燥する

かゆみやフケが出ることも。
シャンプー剤で刺激を感じる。

頭皮がつねにカサカサしていて、
かゆみやフケが出ます。
顔も体も乾燥肌です。

Point

水分、油分のバランスが悪くなっている。
ローションなどで頭皮の保湿をする。

原因

必要な潤いが失われている状態

・水分、油分のバランスがくずれている＝頭皮の水分が失われていて脂が固くなっている。バランスのくずれにより、頭皮のバリア機能も低下している。
・シャンプー剤＝洗浄成分が強いか、洗い過ぎている。

←

トラブル

フケ、かゆみ、炎症による抜け毛

←

改善方法

刺激を避けて、保湿をする

頭皮が乾燥している場合、シャンプー剤を優しい洗浄成分のものに替え、シャンプーも予備洗いの1回だけにする（48ページ参照）。頭皮にシャンプー剤が残らないように丁寧にすすぐ。シャンプー後、頭皮用ローションで潤いを補う。

※正しいシャンプーで頭皮を清潔に ▶ 46ページへ

Trouble 4

頭皮が固い

手で頭皮を触っても
頭皮がまったく動かない。
指先で頭皮をつまめない。

頭皮が固くて重たい感じ。
首も肩もこりやすいんです。

Point

首や肩のこりと同じ、頭のこり。
血流を促進するマッサージで解消。

原因

加齢、ストレス、緊張からくる頭のこり

・こり＝デスクワークなどで同じ姿勢をとり続けることで、首や肩などがこり、血行不良を起こしている。加齢やストレス、緊張でも同様の症状になる。

←

トラブル

酸化した脂がつまり、ほかのトラブルにも

←

改善方法

体・頭皮のこりをほぐして血行促進

頭皮の血流を良くする＝全身のこりをほぐす。体を動かしてこりをほぐす。頭皮マッサージとシャンプー・マッサージを毎日おこない、頭部のこりをほぐし血流をアップさせる。シャンプーをしながら頭皮を動かす。ストレスや緊張をできるだけ回避する。

※シャンプーマッサージ ▶ 51 ページへ
※１日１分の頭皮マッサージ ▶ 76 ページへ

Trouble 5

髪がベタつく

毎日シャンプーをしているのに、
洗っていないように見える。
髪全体がベタついている。

ツヤがあるというよりは、
なんだかベタついて見える。
髪の毛が脂っぽい感じ……

Point

頭皮の皮脂分泌が過剰な状態。
しっかりシャンプーできていない。

原因

頭皮の脂が過剰に出ている

・毛穴づまり＝頭皮の脂過多で、毛穴がつまっている。
・シャンプー不足＝頭皮も髪もしっかり洗えていない状態。シャンプー剤の流しが足りない場合も。
・加齢＝ホルモンバランスの乱れ、代謝の低下。
・食生活＝脂質と糖質をとりすぎている。
・ヘアオイルなどのつけすぎ＝ベタついてしまっている。

←

トラブル

頭皮の炎症、におい、毛穴づまり
不潔な印象を与えてしまう

←

改善方法

頭皮ケアをおこない、食生活を見直す

皮脂分泌が多い状態のため、十分に洗いきれていない。シャンプー剤を強めの洗浄成分のものに見直す。油脂の多い食生活であるならば改善する心がけも。

※正しいシャンプーで頭皮を清潔に ▶ 46 ページへ
※必要な栄養素をとる食生活 ▶ 102 ページへ

Trouble 6

髪がパサパサ

髪にツヤが感じられず、
パサパサの乾燥した手触り。
毛先に枝毛も多い。

傷んでるみたいに見えるし、
すぐに広がってしまう。
まとまらない感じが悩み。

Point

毛髪内部の水分と油分、タンパク質のバランスをとり、髪密度を上げていく。

原因

毛髪内部の水分、油分、タンパク質が足りていない

・水分、油分、タンパク質不足＝カラーリングやパーマを繰り返したことや、ドライヤーの熱、紫外線の影響などでキューティクルが傷つき、毛髪内部の水分、油分のバランスがくずれ、タンパク質が減少してしまっている。

←

トラブル

枝毛・切れ毛になりやすく、髪がまとまらず、ツヤもない

←

改善方法

トリートメントで栄養を与え、保湿する

減少したタンパク質を補うために、栄養成分の高いトリートメント剤で補修してから、ヘアクリームやヘアミルクなどで表面を保湿する。枝毛がひどい場合は、毛先のみカットする。ドライヤーの熱から髪を守るために、かならずヘアオイルなどを使用する。

※トリートメントのスペシャルケア ▶ 57 ページへ

Trouble 7

白髪が多い

白髪染めで隠しているものの、年々白髪が増えている。白髪のせいでストレスを感じることも多い。

染めても抜いても
出てくる白髪。
どうしたらいいの !?

Point

毛髪中にメラニンが存在しない状態。
ミネラルを補給し、進行を遅らせる。

原因

・加齢＝代謝の低下、血行不良など。
・遺伝＝両親や親戚に白髪が多い。
・ストレス＝過度なストレスは自律神経などに影響を与え、毛根にもダメージを与える。

トラブル

白髪染めを繰り返すことでダメージに

改善方法

メラニンの産生を促し、進行を遅らせる

完全に白髪を失くすということは難しいので、白髪の進行を遅らせる努力を。メラニンの産生を促すタンパク質やヨウ素、セレニウムなどを含む食品をとり、今までの食生活や生活習慣を見直す。頭皮マッサージで血行を促進し、髪に必要な栄養が届きやすいようにする。生えている白髪は抜かずに、根元ギリギリで切る。

※１日１分の頭皮マッサージを ▶ 76 ページへ
※必要な栄養素をとる食生活 ▶ 102 ページへ

いつもと同じ
スタイリングなのに
根元が立ち上がらない!!

Trouble 8

髪のボリューム不足

髪全体の毛量が少なく見え、ふんわりとしたボリュームがない。髪が細くなっている。

Point

髪が細くなっているということ。エイジングのサイン。

原因

毛穴づまりによる栄養不足

・毛穴づまり＝頭皮の脂過多で、毛穴がつまっている。栄養が届いていないので髪が細くなっている。

←

トラブル

スタイリングがうまくいかない
老けた印象になる

←

改善方法

頭皮ケアで毛髪改善、育毛剤を使ってみよう

正しいシャンプーで毛穴づまりを解消し、頭皮マッサージで血流をアップし、栄養を届ける。根元の立ち上がりが悪い場合は、分け目を変えたり、今までのスタイリング方法を見直してみる。育毛剤を継続して使用し、頭皮や髪に活力を与えることも必要。

※正しいシャンプーで頭皮を清潔に ▶ 46 ページへ
※１日１分の頭皮マッサージを ▶ 76 ページへ

Trouble 9

薄毛、髪が細い、分け目が目立つ

髪のボリュームが減り、地肌がうっすら見える状態。抜け毛も多くなってきた。

薄毛 *voice*

地肌がすけて見える……？
髪の薄い人って
思われてないかしら！？

Point 1 **エイジング・トラブルの一番の悩み。髪が細くなっている（やせてきている）。**

原因

ホルモンの変化、毛穴づまり
エイジング・トラブルの根本原因

・ホルモンの変化＝女性ホルモンのエストロゲンが、年齢を重ねるにつれて減少し、頭皮のコラーゲンの生成を促す働きや、毛乳頭細胞に作用して毛髪の成長期を持続させる働きを弱めてしまう。反対に、男性ホルモンが活発になるため前頭部や頭頂部が薄毛になり、抜けやすくなる。また、新陳代謝を促す甲状腺ホルモンの減少が原因で、急激な薄毛・抜け毛が起こる場合も。これは甲状腺機能低下症といい、薬などで症状が改善できる。

・毛穴づまり＝頭皮の脂過多で、毛穴がつまり、栄養が届かないため髪が細くなる。

・食生活＝良質ではない油脂を多くとっている。偏食や過度なダイエットなど。

・生活環境の乱れ＝睡眠不足、運動不足による代謝の低下。

・ストレス＝髪に必要な栄養と酸素を届ける血管に沿うように自律神経があり、血管の収縮をコントロールして

※正しいシャンプーで頭皮を清潔に ▶ 46ページへ

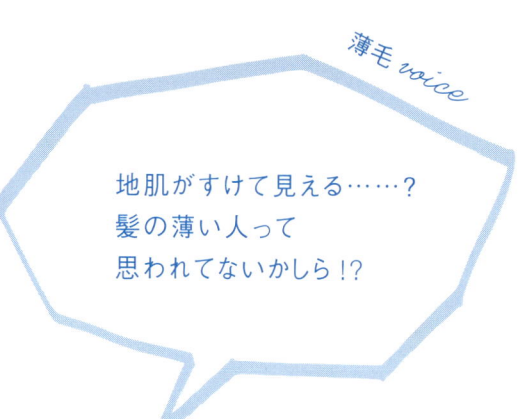

分け目が目立つ *voice*

写真に写った
自分の髪の分け目……
頭皮が目立ってる!

髪が細い *voice*

軽く引っぱっただけで
髪が切れた !!
弱すぎる、私の髪。

Point 2 頭皮ケアをおこない、頭皮と髪を健康に。
食事、睡眠などでホルモンバランスを整える。

いる。ストレスによって自律神経の交感神経の働きが活発になった状態になり、血流が低下してしまう。

トラブル ← **原因を改善しないと、抜け毛が増える**

改善方法 ← **頭皮ケアと食生活の見直しを徹底する**

頭皮の毛穴づまりを解消する。頭皮マッサージを毎日おこない、血行を促進する。食生活、睡眠、生活習慣を見直す。軽めの筋肉トレーニング、有酸素運動などの適度な運動、育毛剤を継続して使用し、頭皮や髪に活力を与えることが必要。

分け目が目立つ場合＝同じ分け目にしている場合、その部分に負担がかかっている可能性が。分け目を定期的に変えてみる。

※１日１分の頭皮マッサージを ▶ 76 ページへ
※必要な栄養素をとる食生活 ▶ 102 ページへ

Trouble 10

髪にハリ・コシがない

髪が弱々しく、
まとまりづらい。
年齢よりも老けてみえる。

ボリュームが出なくて
スタイリングがすぐ
くずれてしまう……。

Point

**コシのない状態＝タンパク質が減少。
頭皮ケアと血行促進で髪に栄養を。**

髪内部が空洞状態でタンパク質が減少

・加齢＝毛母細胞が栄養不足になり、髪が細くなっている。

・髪のダメージ＝カラーリングやパーマを繰り返したことが原因で、髪の内部を構成するタンパク質が不足している。そのため髪が細くなり、弱くなっている。

・遺伝＝生まれつきの髪質。

← トラブル

パーマがかかりづらい、スタイリングがうまくいかない

← 改善方法

頭皮ケアと食生活の見直し

タンパク質、ビタミン、ミネラルなどの栄養素をバランス良くとり、頭皮マッサージを中心に頭皮ケアをおこない髪に栄養を届ける。トリートメントで髪の内部に栄養を届ける。

※トリートメントのスペシャルケア ▶ 57 ページへ
※1日1分の頭皮マッサージを ▶ 76 ページへ
※必要な栄養素をとる食生活 ▶ 102 ページへ

Trouble 11

髪にツヤがない

髪の表面にツヤが出にくい。
老けて見られてしまう。

天使の輪はどこに？
パサついて見えるし、
ツヤがない！

Point

**キューティクルが損傷したダメージヘア。
ツヤはキューティクルが整うことででる。**

原因

キューティクルが乱れている状態

・キューティクルの乱れ＝紫外線の影響、髪を乾かしすぎている。
・髪のダメージ＝カラーリング、パーマ、ドライヤーの熱などで、キューティクルが損傷を受け、乱れている。
・元々の髪質＝くせ毛など、髪のツヤが出にくい人も。

←

トラブル

**ツヤのない髪は年齢より老けた印象を与える
髪内部にもダメージが進行している**

←

改善方法

髪にタンパク質を補い、キューティクルを補修

トリートメントで髪の内部に栄養を届ける。ドライヤーをかける前にオイルでしっかり保湿して、キューティクルを補修することを忘れずに。アッシュ系のカラーリングはツヤがなく見えるので、暖色系がおすすめ。

※トリートメントのスペシャルケア ▶ 57 ページへ

Trouble 12

髪が傷んでいる

手触りが悪く、引っかかる。
髪の色が褪色していて、
全体的にパサついている。

カラーもパーマもすぐ落ちる。
髪がきれいと
言われたことがない……。

Point

自分で自分の髪を傷めている?
ダメージを避け、保湿を心がける。

原因

カラーリングやヘアアイロンなどで傷めている

・カラーリング、パーマ＝薬剤により毛髪が損傷。
・ドライヤー、ヘアアイロン＝熱により毛髪が損傷。
・紫外線＝太陽光による毛髪の日焼け。
・シャンプー剤＝強い洗浄力による頭皮の脂の取り過ぎ。

←

トラブル

ひどい枝毛や切れ毛になる
カラーリングがもたない

←

改善方法

つねに髪を保湿し、ダメージを改善する

カラーリング、パーマの同時施術は極力しない。期間をあけ髪へのダメージを避けるようにする。頭皮ケアと髪の保湿を心がける。専門サロンでのトリートメントケアや、亜鉛、セレン、ヨウ素、イソフラボンなどを、サプリメントなどで補給するのも良い。

※正しいシャンプーで頭皮を清潔に ▶ 46 ページへ
※トリートメントのスペシャルケア ▶ 57 ページへ

Trouble 13

アホ毛が多い

カットですいてもいないのに、短毛が浮いてしまっている状態。

ツンツン立っている
これってアホ毛？
量が多くて恥ずかしい。

Point

まず抜かない。切れ毛を作らないように。スタイリングで目立たない工夫を。

原因

生えてきた毛 or 切れ毛のどちらか

・生えてきた毛＝成長途中の新しい毛髪。

・切れ毛＝カラーやパーマにより、ダメージを受け、その後ブラッシングやドライヤー、アイロンなどで切れてしまった毛髪。または頭皮トラブルによりヘアサイクルが乱れ、成長しなくなってしまった毛髪。

・乾燥＝髪が乾燥していて、重みがないために浮いてしまい、短い毛髪が立っている。

←

トラブル

根元で切ってしまうと繰り返すことに
無理に抜くと毛根が傷む

←

改善方法

髪のダメージの修復と頭皮改善

生えてきた新しい毛髪は抜かない。切れ毛は毛先が傷んでいて切れやすくなっているので、毛先の少し上をカットしておく。伸びるまでの間、ワックスでおさえる。

※ヘアサイクル（毛周期について）▶ 38 ページへ
※正しいシャンプーで頭皮を清潔に ▶ 46 ページへ

Trouble 14

髪のうねり、くせ毛

髪がねじれたようにうねる。
元々あったくせが
強くなってきた。

うねり毛 voice

突然
変なうねりが……、
これがエイジング!?

Point 1

うねり、くせ毛はエイジングのサイン。原因は毛穴の変形、ゆがみ、たるみ!

原因

エイジングで頭皮もたるむ

・毛穴のゆがみ・たるみ＝年齢を重ねると、皮膚の弾力が失われ、たるんでくるのと同様に、頭皮も弾力が失われてたるんでくる。たるんだ頭皮にひっぱられるように毛穴がゆがみ、うねり毛、くせ毛が生えてくる。

・皮脂分泌の低下＝加齢による女性ホルモン減少の影響で、皮脂分泌量が低下。潤いの不足した髪が、湿気の多い日に過剰に水分を吸収するため、うねり毛、くせ毛が強くなる。

・栄養不足＝加齢、ダイエット、疲れ、睡眠不足などが原因で髪に必要な栄養が届いていない。内部に栄養のない細い毛が生えてきて、うねり毛、くせ毛になってしまう。

・髪の水分量＝空気中の湿度が高いと、髪が水分を吸収してふくらみ、うねりや広がりをおこす。髪の乾燥が強いと水分を吸収しやすい。

くせ毛 *voice*

なんだか
くせ毛が強くなってきた。
しかも前髪とか部分的に……!

Point 2

マッサージで頭皮の弾力と変形を改善!
髪内部に栄養を届け、髪を健康にさせる。

トラブル

スタイリングに時間がかかり髪が傷む
まとまらない、ツヤが出にくくなる

←

改善方法

マッサージ、頭皮ケア、生活習慣の改善で
弾力のある毛穴を目指す

頭皮マッサージを毎日おこない、たるんだ頭皮に刺激を与え、弾力のある頭皮に改善。血行を促進し、ホルモンバランスを整える。乾燥を感じる場合は、スカルプ用ローションで頭皮に潤いを補う。必要な栄養素をバランス良く摂取する食生活を心がける。良質な睡眠と適度な運動で代謝を上げる。

※正しいシャンプーで頭皮を清潔に ▶ 46 ページへ
※1日1分の頭皮マッサージを ▶ 76 ページへ

Trouble 15

抜け毛が多い

抜け毛が以前より増えた。手ぐしをすると抜け毛が落ちてくる、など。個人差も多い。

抜け毛 voice

最近、抜け毛が多い。
お風呂の排水口にびっしり！
こんなに抜けて大丈夫？

Point 1

エイジングによるヘサイクルの乱れなど 抜け毛の原因は人によってさまざま。

原因

ヘアサイクルの乱れ

ヘアサイクル▼38ページを参照

・加齢＝老化とともに血行が悪くなり、頭皮に十分な栄養や酸素、ホルモンが届かなくなる。髪が栄養不足になり、成長から抜け毛までのヘアサイクルが短くなっている。

・ストレス＝栄養や酸素を送る血管の収縮は自律神経がコントロールしている。ストレスによって自律神経が乱れ、影響を受ける。

・ホルモンの低下＝毛乳頭細胞に作用して、毛髪の成長期を持続させる機能があるエストロゲンの量が低下している。

・毛穴づまり＝頭皮の皮脂分泌量が多く、シャンプーで脂を取りきれていないため、毛穴がつまり栄養が届かなくなり髪が抜ける。

・生活環境の乱れ＝睡眠不足、運動不足による代謝の低下。

・妊娠時の栄養不足＝産後一時的に抜け毛が多くなる。妊娠時に髪への栄養などが不足したことが原因。

抜け毛 voice

生え際が広くなった?
前より抜け毛が
多くなった気がする……。

Point 2

頭皮ケアとマッサージを基本に、原因にあったケアで抜け毛を予防する。

トラブル

急激に大量に抜ける場合は脱毛症の場合も
頭皮ケアで改善しないときは病院へ

改善方法

頭皮ケアを基本に、
抜け毛の原因を探る

頭皮ケアで、頭皮に刺激を与え調子を整える。毎日マッサージを心がけて血流をアップ。ホルモンバランスを整える。タンパク質やビタミンB群など、栄養素をバランス良くとる食生活を心がける。良質な睡眠と適度な運動で代謝を上げる。また、ストレスをためないようにすること。抜け毛が改善しない場合は、専門サロンや病院に相談する。出産後の抜け毛が1年以上続く場合は、産院に相談する。

※ヘアサイクル（毛周期）について ▶ 38 ページへ
※正しいシャンプーで頭皮を清潔に ▶ 46 ページへ
※１日１分の頭皮マッサージを ▶ 76 ページへ

column 2

ヘアサイクル（毛周期）について

成長期 ▶

成長期の間に毛母細胞が活発に分裂を繰り返し、毛髪が伸びていきます。期間は2～7年。

退行期 ▶

急激に毛母細胞の分裂が減少、毛根が小さくなります。毛の色を左右する色素細胞の活動も弱まります。期間は2週間。

休止期 ▶

完全に毛母細胞の分裂が止まります。次の毛が生えて、脱毛するまで休息しています。期間は3～4ヶ月。

脱毛・成長期

脱毛し、次の毛が生えて再び成長期を迎えます。

〈2～7年〉　〈2週間〉　〈3～4ヶ月〉

一定の周期で生えたり・抜けたりを繰り返す

髪の毛は、1日に0.3～0.5ミリ程度伸びます。成長後は脱毛し、再び同じ毛母細胞から髪が生えます。この繰り返しをヘアサイクル（毛周期）といいます。「成長期」「退行期」「休止期」「脱毛」とあり、エイジングなどによりこのサイクルが乱れると、成長期が短くなり、きちんと成長しきらないまま、髪は休止期を迎え細いまま抜けてしまいます。エイジング・トラブルで髪の毛が細くなったり、薄く見えたりするのはこのためです。

※ヘアサイクルが乱れると、成長期が早々と終了してしまう

※頭皮と髪の構造は16ページへ

Part 2

パート2

トラブルに負けない頭皮を作る!

エイジングのためのシャンプー・テクニック

Shampoo technique

きちんと頭皮を
洗えてますか?

〝シャンプー〟どうしていますか?

シャンプー剤つけ過ぎてるかも?

シャンプーしても頭がかゆい!

シャンプーのときにトリートメントって必要なんですか?

洗い上がりの髪がバサバサ!

正しいシャンプーの仕方があるの?

毎日洗わないとダメ?

シャンプーは自己流になりがちなもの

シャンプーはエイジング・トラブルに悩む頭皮と髪における、重要なホームケアです。ただ、バスルームでのシャンプーは自己流になりがちです。テレビや雑誌などで見聞きした、良いと言われているいろんなシャンプー法をミックスしている人も多いかもしれません。正しいと思ってきたことが、実は髪にダメージを与えていた、ということも少なからずあります。

シャンプーの語源には「頭をマッサージする」という意味があります。

シャンプーでも重要なのはやはり頭皮なのです。〝これで良し〟と思っていた自分のシャンプー方法を今一度見直してみましょう。これから、エイジングのための正しいシャンプーのポイントをいくつか紹介します。ぜひ試してみてください。

あなたのシャンプー、正しいですか?

知っているのと知らないのとでは格段の差が出ます

シャンプーにはいくつかのポイントがあります

頭皮をよく洗うことが
エイジングケアの基本

- ✓ 頭皮をよく洗い、よく流すこと
- ✓ 髪表面の汚れはシャンプー剤で落ちる
- ✓ シャンプーは２回洗いが基本
- ✓ トリートメントは頭皮につけない
- ✓ トリートメントは毛先からつける

難しいテクニックは必要ありません

シャンプー・テクニックと聞くと、なんだか難しそう、覚えるのが大変そう、と感じてしまいますがそんなことはありません。シャンプーで大切なのは、〝頭皮をよく洗うこと〟に尽きます。シンプルなようですがこれがとても重要なポイントで、頭皮のエイジングケアにおける基本になります。

　ほかにも、よくシャンプー剤を洗い流す、頭皮にトリートメントはつけないなど、いくつかのポイントがありますが、いずれも長い時間をかけたり、難しいテクニックが必要とされることではありません。毎日シャンプーで頭皮を清潔に保ち、マッサージの刺激をあたえることで、エイジング・トラブルに負けない頭皮と髪が作られていくのです。

シャンプーで
頭皮を清潔に保つ

トラブルに負けない
頭皮と髪が作られる

シャンプーの選び方を知っていますか？ ←

シャンプー剤についてひとつ…

シャンプー剤はなるべく上質なものを

洗い上がりに左右されてはいけません

粗悪なシャンプーは髪を傷める

これからご紹介するシャンプー・テクニックを実践しても、安価で粗悪なシャンプーを使っているとそれだけで髪はダメージを受けてしまいます。見た目がつややかだったり、手触りが良くても、それは配合されている成分によりそのように見せているだけ……、ということも。粗悪な成分を使ったシャンプーは、刺激が強いものも多く、薄毛の原因にもなります。シャンプー剤の選び方を誤ってしまうとエイジング・トラブルの解消にはなかなか至りません。

シャンプー剤は良い成分が高配合されているものを選ぶことが大切です（60ページ参照）。価格が高くなる傾向はありますが、大事なのは成分内容や配合量をよく確認することです。

シャンプー剤の成分内容を確認！（詳しくは60ページ参照）

ホームケアこそ上質なシャンプーを選びましょう。（週に何回かでもOK）

正しいシャンプー・テクニックへ ←

しておくとbetter

髪をブラッシングする

Better1

ブラッシング

バスルームに入る前に、髪全体をとかします。汚れやホコリを浮かし、絡まりをといて、頭皮の血行を良くします。

1

毛先の絡まりを先にとく

傷んでいたり、整髪料をつけていると毛先が絡まりやすい。

2

毛の流れにそって上から下へ

髪全体の絡まりをとき、髪表面の汚れを浮かす。

3

ササッと全体をとかす

長くとかす必要はなく、全体の絡まりをとく程度。

NG

プラスチックのコームは絶対に使わない

キューティクルを損傷しにくい、動物の毛（豚毛・猪毛など）で作られたブラシを使う。

1

毛先の絡まりをとく

最初に毛先の絡まりをやさしくときます。絡まりが強い場合は、粗めのコームなどで丁寧にときましょう。

2

全体をブラッシングする

まさつの少ない動物の毛を使ったブラシで、毛の流れにそうようにして、上から下へ全体をとかし、絡まりをときます。

毛の流れとは？

毛流（もうりゅう）といい、つむじなどの渦を巻いたり、上から下に向かう毛の向きのことをいいます。毛流には個人差があります。

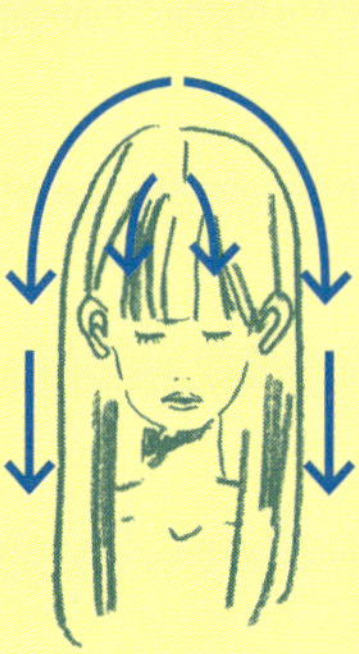

3

全体をササッととかす

髪表面の汚れやホコリを浮かし、頭皮に刺激を与え血行を良くすることができます。

Better 2

入浴

シャンプー前に湯船につかることで、頭皮の血行促進の効果もあります。

1

体を温めることで血行が良くなる

頭皮の血行も促進される。

2

長くつかることで汚れ浮きの効果も

汗をかくことによって汚れが浮きやすくなる。

しておくとbetter

シャンプー前の入浴

NG

毛穴が開いたり、髪が潤うことは期待できない

頭皮の毛穴を完全に開いたり、髪が湯気でしっとりと潤う、という効果までは期待はできない。血行を促進し、汗をかく程度。

1

入浴して体を温める

シャンプー前に湯船につかり、体を温めることで頭皮の血行を促進します。血行が良い状態でシャンプーすることで、頭皮のトラブル改善効果がより高まります。

2

長めの入浴で汗をかく

長めに入浴することによって、頭皮が汗をかき、毛穴の汚れが浮く効果も期待できます。

長い髪は？

整髪料などが湯船の湯に浮く場合もあるので、入浴時はタオルで髪をまとめておくのがいいでしょう。ヘアキャップをかぶれば、頭皮の温湿効果もUPします。

髪をシャワーですすぐ

Step 1

シャンプー【1回目】

軽く洗って汚れを浮き上がらせることが目的です。1回目は2回目に向けての予備洗いと考えましょう。

1

しっかりと
髪と頭皮を濡らす

髪と頭皮をくまなく
濡らすことを意識する。

2

ごしごしせず
手ぐしをするように
お湯を通す

十分濡らすことで
シャンプー剤の
泡立ちが良くなる。

3

髪表面の
汚れをすすぐ

髪を濡らしながら、汚れ
が落ちるよう意識する。

シャワーの
あて方は自由!　OK

下を向いて上からシャワーをあてても、
シャワーヘッドを手で持ってもOK。

1
髪と頭皮を濡らす
38～40度ぐらいのお湯で、髪と頭皮を十分に濡らします。

2
手ぐししながら濡らす
髪の間を手ぐしするようにして、髪の表面だけではなく、中までしっかりと濡らします。

3
髪の汚れを流す
髪の表面についている汚れやホコリは、お湯で洗い流すだけで落とすことができます。

シャワーのあて方
顔を上向き、下向きにする、両手で洗う、それぞれ利点があるので、洗いたい場所によって使い分けます。後頭部、側頭部の頭皮の濡らし忘れがないように、十分に髪全体を濡らせる姿勢をとることが大切です。

4 シャンプー剤は頭部で泡立てる

手のひらでシャンプー剤を
伸ばしたら、頭頂部で泡立てる。

5 シャンプー剤の泡を全体になじませる

手のひらを使って、
頭部全体に広げるようにする。

6 シャンプー剤をササッとすすぐ

髪の汚れを泡と一緒に
ササッとすすぎ流す。

NG シャンプー剤の泡立て

シャンプー剤を頭部にのせる前に、
手で泡立ててしまわないように。
手のひらにシャンプー剤を
伸ばすように広げて、頭部で泡立てる。

4

シャンプー剤の泡立て

シャンプー剤を手のひら全体に伸ばし、とくに脂の多い頭頂部でお湯と空気を一緒に含ませながら泡立てます。1回目のシャンプーは頭皮のコンディションにより、泡立ちが悪いことも。執拗に泡立てる必要はありません。

5

泡を全体になじませる

1回目のシャンプーの目的は、髪と頭皮を充分に濡らし、2回目のシャンプーに備えること。これだけで通常の髪表面の汚れは落ちます。長い時間をかけて洗わなくてもOK。

6

全体をササッとすすぐ

目的は泡を流すこと。頭皮や髪がさっぱりするほど流す必要はありません。

※頭皮の状況により、1回目のシャンプーのみで終わらせてもOKです。

Step 2

シャンプー【2回目】

予備洗いをしたら2回目は本洗い、メインシャンプーです。今度は頭皮をしっかり洗い、頭皮の血行を促進、すすぎも十分にします。

頭皮をシャンプーする

1 髪を軽くしぼる

余計な水分を落とすイメージで軽くしぼる。

2 しっかり泡立てる

空気を含ませるように頭頂部で泡立てる。

3 指の腹を使って頭皮を洗う

指の腹を頭皮に密着させてシャンプーをなじませる。

1

髪を軽くしぼる

1回目のすすぎのあとの水分がしたたるほど残っている場合は、水を落とすイメージで髪を軽くしぼります。

2

しっかり泡立てる

1回目と同じように、手のひらでシャンプー剤を伸ばし、頭頂部で泡立てます。1回目で十分頭皮が濡れていれば、泡立ちも良いはずです。シャンプー剤、水分と一緒に、空気を含ませるようにして泡立たせます。

3

指の腹で頭皮を洗う

2回目の目的は頭皮を洗うことです。指の腹を、頭皮と密着させるように動かします。頭皮を傷つけないようにしましょう。

シャンプー・マッサージ

ジグザグシャンプー 1

前頭部から頭頂部に向かって、
4本の指をジグザグに
動かしながらシャンプー。

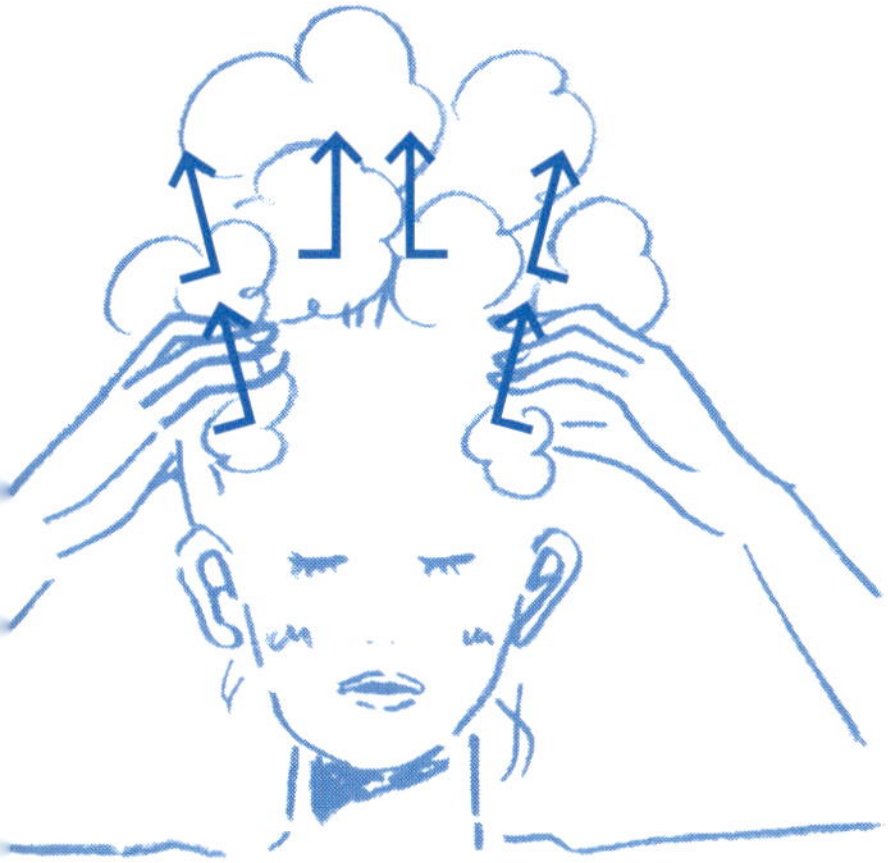

つまみ上げシャンプー 2

側頭部から頭頂部に向かって、
親指と4本の指で
つまみながらシャンプー。

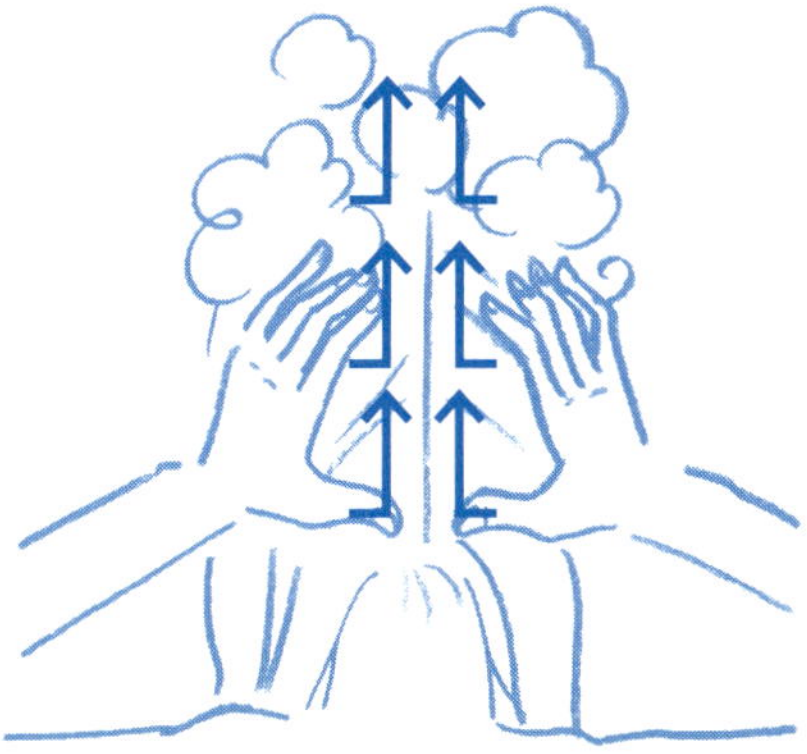

つかみ押しシャンプー 3

うなじから頭頂部まで、
ぐーっとつかむようにして
押し上げながらシャンプー。

シャンプー・マッサージとは

指の腹でシャンプーをしながらマッサージすることで、頭皮に刺激を与えて、血行を促進させます。**1**～**3**まで、2～3分を目安におこないましょう。

1

ジグザグシャンプー（前頭部）

親指以外の4本の指を使って、前頭部の生え際から頭頂部に向けてジグザグにマッサージしながらシャンプーします。

2

つまみ上げシャンプー（側頭部）

耳の上から頭頂部に向かって、何ヶ所か指の腹で引き上げるようにつまみ、マッサージしながらシャンプーします。

3

つかみ押しシャンプー（後頭部）

うなじのくぼみに親指をあてて、4本の指で後頭部全体をぐーっとつかむようにして押し上げます。何ヶ所かつかみ押すようにして頭頂部まで移動させて、マッサージしながらシャンプーします。

洗い残しのないように

頭皮を くまなく洗う 1

①前頭部、②側頭部、
③後頭部の順で
頭皮全体をくまなく
ジグザグ洗いする。

シャンプー剤の量は 適量を守る 2

洗浄成分が強いものもあるので、適量を守りましょう。

生え際まで しっかりと 3

前頭部など
脂のたまりやすい箇所の
洗い残りに注意する。

髪の毛をこすらない NG

1回目で髪表面の汚れはほとんどとれている。
髪の毛をこすり洗いしない。

1

頭皮全体を洗う

前頭部、側頭部、後頭部の順で洗います。洗う方向はあまり考えずに、頭皮をくまなく洗うことで、毛穴の汚れをとり除き、血行不良を解消します。

2

かゆいところは丁寧に

頭皮がかゆいときは、乾燥したり、炎症が起きている場合も。丁寧にやさしく洗いましょう。

3

シャンプー剤は適量を使う

皮脂の分泌量が多いときは、泡立ちが悪く感じますが、適量を。

NG

髪の毛をこすり洗いしない

髪の毛を両手ではさむようにして洗うと髪が傷ついてしまいます。

シャンプー剤をすすぎ流す

すすぎ時間はシャンプーの2倍　1

シャンプー剤で洗っていたときの2倍の時間をかけてすすぎ流す。

頭皮をすすぐ　2

頭皮にシャンプー剤が残らないようにする。

手のひらでお湯をためるように　3

頭皮をたっぷり濡らしながらすすぐ。

流し残しのないように　4

後頭部の裏側など、向きを変えて頭皮全体をすすぐ。

1

シャンプーの2倍時間すすぐ

シャンプーでもっとも重要なのが2回目のすすぎです。シャンプー剤で洗っていた時間の2倍くらいの時間をかけてしっかりすすぎ流します。

2

シャンプー剤をすすぎ流す

髪ではなく、頭皮を洗い流すように意識することで、シャンプー剤が頭皮に残らないようにします。

3

お湯でたっぷり洗う

手のひらをお椀型にして、頭皮にたっぷりとお湯をふくませるようにして洗います。

4

流し残しのないように

シャンプー剤の流し残しは、頭皮のかゆみ、毛穴の汚れなどにつながります。

Step 3

トリートメント

髪に栄養を与えて、しっとりと髪を落ち着かせます。毛先からつけて、コームでとかして髪に浸透させます。

1 髪の水分を軽くしぼる

余分な水分を軽く落とすように。

2 毛先から髪全体につける

傷みや乾燥の強い毛先からつける。

3 傷んでいる部分は重ねづけする

指先で浸透させるようにうすく重ねづけする。

頭皮にはつけない! NG

トリートメントは髪に栄養を与えるもの。
頭皮に直接つけると、油分過多につながり、
根元が立ち上がらなくなる原因にもなるのでNG。

1

髪を軽くしぼる

トリートメント剤がうすまるので、髪の水分を落とすイメージで、軽く手でしぼっておきます。水分をとりすぎてしまうと、なじみにくくなるので注意しましょう。

2

毛先からつける

基本的に、毛先より毛根に近い髪のほうが健康です。痛みの多い毛先からつけていきましょう。毛の流れにそって、かならず上から下にトリートメントを伸ばします。

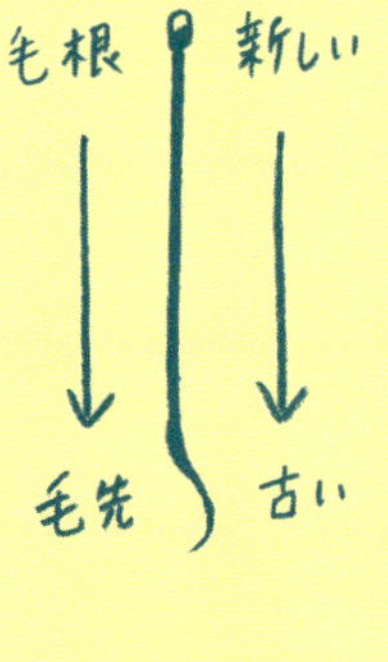

3

傷んでいる部分は重ねづけする

シャンプー剤と同じように、トリートメント剤も製品の適量を守って使用してください。傷んでいる部分には重ねづけして重点的にカバーしておきましょう。

コームで浸透させ、流す

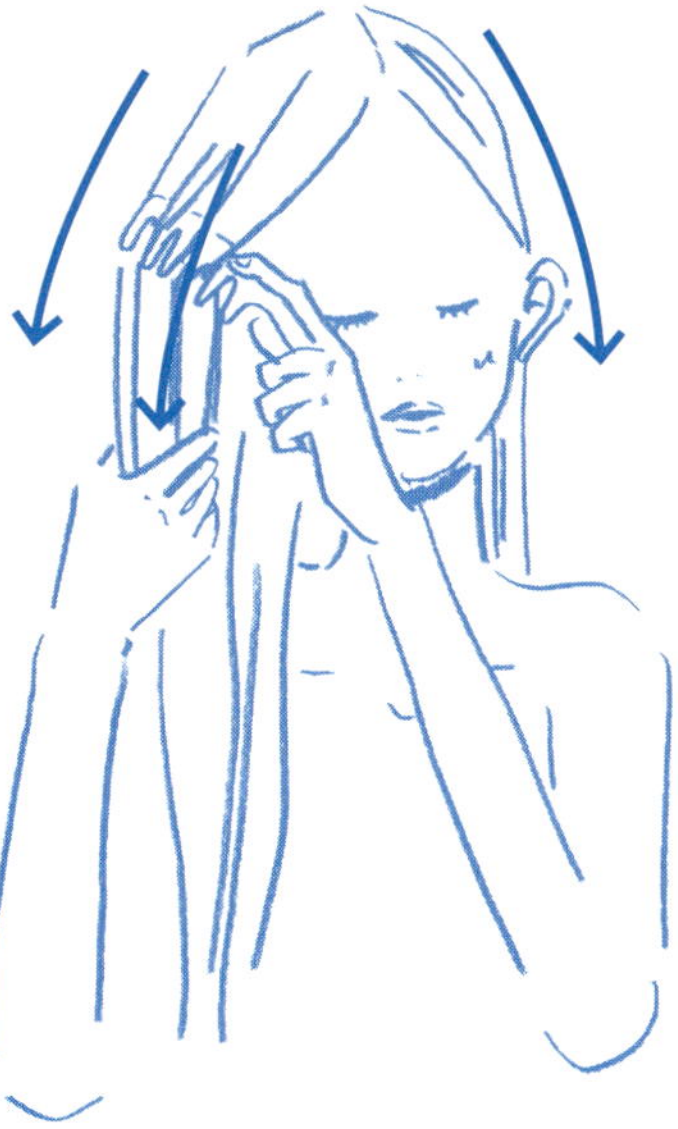

4
リングコームでなじませる

粗めのリングコームで
全体に伸ばして浸透させる。

OK

手ぐしでも OK

手ぐしで上から下に髪を
とかすように、トリートメントを
なじませても OK。

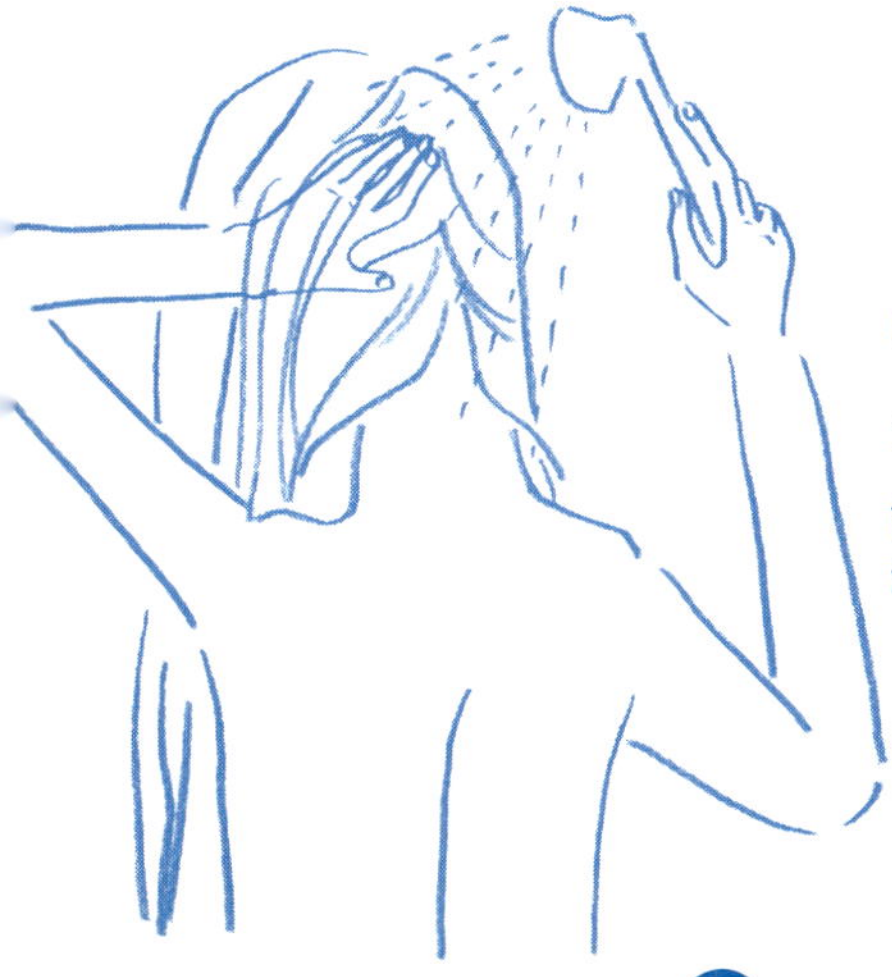

5
全体を軽く流す

首回りの後ろなど
流し忘れのないように。

NG

**トリートメントの流し不足、
流し過ぎに注意!**

髪全体がしっとりと落ち着いた
ように感じるのがベスト。

4

リングコームでなじませる

粗めのリングコームを用意し、上から下にとかしてトリートメントをなじませ、浸透させます。絡まっている場合は、毛先から丁寧にほどくようにとかします。

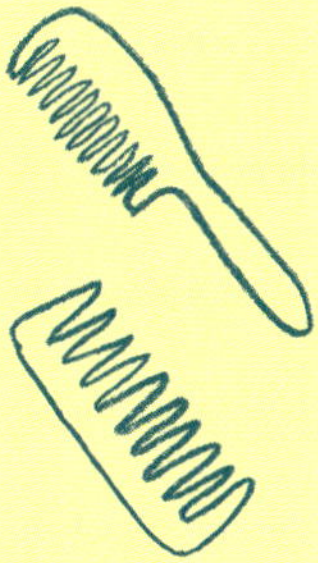

5

全体を軽く流す

トリートメントのときは、表面だけ洗い流すことが多いので、髪の中や首回りの後ろまで全体を流すようにしましょう。

NG

トリートメントの流し不足&流し過ぎ

製品によって違いがあるものの、髪全体がしっとりと落ち着いたように感じるのがベスト。流し不足は髪がベタベタして見え、流し過ぎはトリートメントの効果がうすれてしまいます。

Step 4
タオルドライ

タオルドライの目的は頭皮をしっかりふくこと。髪をこするのはキューティクルを傷つけることに。

1 タオルで水分をおさえる

吸水性の良いタオルで
ギュッと水分を吸収させる。

2 頭皮をしっかりふく

両手を左右に動かして
頭皮をふいて乾かす。

3 髪の水分をふきとる

タオルで髪をはさむように
パンパンとふきとる。

NG

髪をこするとキューティクルがすれる

タオルではさんだ状態で、
髪を左右にこすり
合わせるのはNG！
髪がすれてキューティクルを
傷つけることに。

1

タオルで水分をおさえる

最初に、吸水性の良いタオルで頭皮全体を包むようにして、ギュッとおさえて水分を吸収させます。タオルは厚くても薄くてもいいので、吸水性が良いものを選びましょう。

2

頭皮をしっかりふく

タオルドライで重要なのが頭皮をしっかりふくこと。両手を左右に動かして勢いよくふきましょう。ゴシゴシし過ぎるのはNG。

3

髪の水分をふきとる

髪はタオルではさむようにして、手でパンパンと軽くふきとっておきます。左右に髪をこすり合わせるのはNG！

Special

スペシャルケア

週1回のトリートメントの集中ケア。コームの2本使いで浸透力を倍にします。

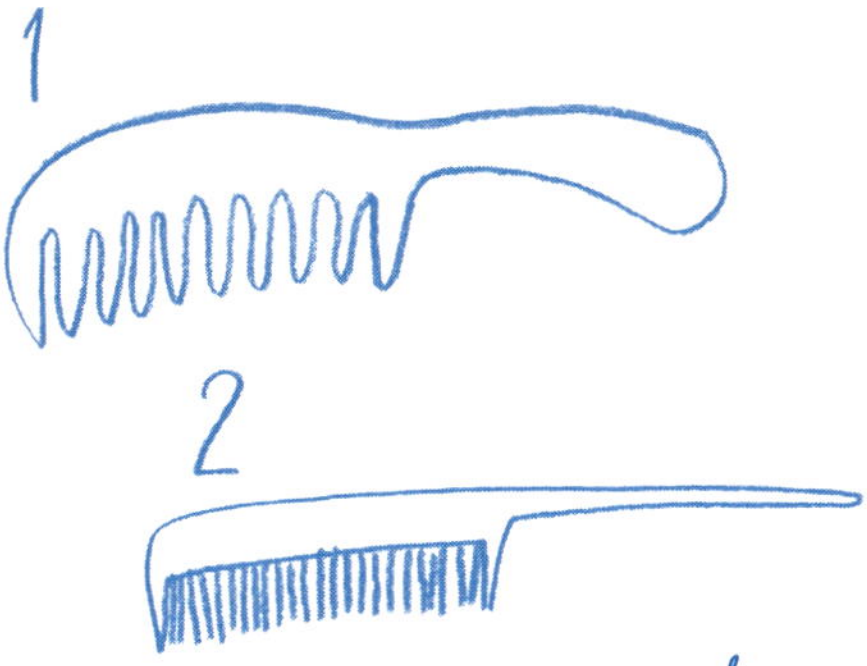

1

トリートメント用のコームを２本

トリートメントを髪につけてから、
目の違う２本のコーム
でとかし、しっかり浸透させる。

2

ビニールキャップでじっくり浸透

保湿効果で浸透力アップ、
髪に栄養を行き渡らせる。

そのまま入浴しても OK

ビニールキャップを
かぶったまま、入浴しても OK。
体が温まることで
保温効果もアップします。

週1回の集中ケア

トリートメントの浸透を高めることで、髪に栄養が行き渡り、ダメージを早く改善させることができます。

1 **コームを2本用意する**

トリートメントを髪全体につけたあと、目の粗いコーム、細かいコームの順で髪をとかします。髪1本1本まで、よりトリートメントをなじませることができます。

2 **ビニールキャップをかぶる**

トリートメントを流さないで、ビニールのシャワーキャップをかぶります。保湿効果で浸透力がアップします。時間の目安は5～10分程度。

ドライヤーとスタイリングの方法は62ページへ！ ←

シャンプーQ&A

シャンプー・テクニックの質問にお答えします。
頭皮の状態や髪質など、個人差もあるので注意しましょう。

お湯の温度は38～40度？

頭皮の脂を落ちやすくする温度

温度が低いと脂や汚れが落ちてこず、温度が高いと皮脂をとり過ぎてしまうので注意しましょう。 ベストは38度前後です。

入浴中に髪をしばってもいい？

ゴムやクリップはなるべくさける

濡れた髪をゴムでしばるとキューティクルが傷ついてしまいます。タオルでまいたり、ビニールのヘアキャップなどがおすすめです。

毎日洗わなくてもいい？

髪のコンディションに合わせて判断する

乾燥肌の人や、洗い過ぎることでトラブルが起きる人は毎日洗わなくてもかまいません。頭皮の脂が多い人は毎日洗い、清潔に保ちます。髪のコンディションに合わせて判断しましょう。

泡立たないのはなぜ？

よく頭皮を濡らしていない、またはダメージヘアの可能性

適量のシャンプー剤では泡立たないという場合は、頭皮の濡らしかたが十分ではない、またはダメージヘアの可能性があります。

シャンプーで髪が抜けるのはなぜ?

元々抜ける予定の髪だったものシャンプーのせいではありません

自然脱毛と言って、毎日髪は抜けています。量は個人差もありますが、シャンプーをして髪が抜けるのは不自然なことではありません。

スカルプブラシを使ってもいい?

頭皮を傷つけないものならOK!

頭皮を傷つけるものはNG。コシがやわらかい素材のものを選びましょう。

シャンプーは全部で何分ぐらい?

個人差もありますがあまり長い時間はかけないように

しっかり洗いたいからといって、長い時間シャンプーをし続ける必要はありません。ポイントをおさえて５～８分の時間で洗うのがいいでしょう。

トリートメント、リンス、コンディショナーの違いは?

トリートメントは髪に栄養を与えるものリンスとコンディショナーは手触りを良くするもの

基本はシャンプーとトリートメントの組み合わせを使うのがいいでしょう。髪がゴワゴワする、手触りが良くないときには、シャンプー、トリートメントをした後に、リンスまたはコンディショナーをプラスします。

トリートメント

髪表面のキューティクルを整え、毛髪の内部にまで栄養を行き渡らせるもの。

リンス

髪の表面をコーティングして、手触りを良くするもの。

コンディショナー

リンスと同じ効果があり、表面のダメージを修復する効果もあるもの。

column 3

シャンプー剤の選び方

栄養や補修成分が
高配合されているものを選ぶ

44ページでも述べたように、シャンプー剤はなるべく良い成分が配合されたものを選んでほしいもの。シャンプー剤には、水、界面活性剤（洗浄剤）、コンディショニング成分（感触剤）などがふくまれており、界面活性剤の成分によって、石油系、天然もの、石けん系、アミノ酸系、タンパク質系などの種類分けがされています。おすすめなのはアミノ酸系やタンパク質系のシャンプーで、栄養成分が高配合されているもの。洗浄力の強さ（皮脂腺の量や頭皮、髪質によります）や、泡立ちの良さ（泡立ちが悪いとキューティクルを傷つけます）も考慮しましょう。例えばアミノ酸系でも1滴でも成分が配合されていると、アミノ酸系とうたうこともできます。配合量（配合量の多い順から表記されています）や成分内容などをよく見極めて、上質なものを選びましょう。

Part 3

パート3

エイジングに負けない！

簡単スタイリング・テクニック

Styling Technique

秘密は
夜のドライヤー！

スタイリングがうまくいかない…

うまくいかない
スタイリング…

「どうもスタイリングがうまくいかない」ということが増えていませんか？朝しっかり伸ばしたはずの髪も、巻いたはずのカールも、昼過ぎには元に戻っているということも多いのでは……。

　クセが強い、皮脂分泌量が多い／少ないという症状は、若い頃よりエイジング世代のほうが強く出るものです。けれどエイジングのせいだとあきらめてしまう必要はありません。一度スタイリングの基本に戻ってみましょう。ポイントは夜のうちにしっかりとクセを伸ばし、スタイルの基礎を作っておくこと。朝のスタイリングが今よりもっとラクに、楽しいものになりますよ。

「エイジングのせい」だと、
スタイリングを
あきらめない

ポイントを知って
スタイリングを
もっとラクに！

スタイリングのスタートは
夜のドライヤーから！

夜のヘアドライ※&スタイリング※

シャンプー後のドライヤーが翌日のスタイルを左右します。
乾かす＝スタイリングの気持ちで！

※ヘアドライ＝髪をタオルやドライヤーなどで乾かすこと。
※スタイリング＝髪の形を整えること。

1 シャンプー後、タオルで水分をおさえる

Hair dry & Styling

夜のヘアドライ & スタイリングのスタート。

エイジングのためのシャンプー（46 ～ 55 ページ）をした後、まずはタオルドライ（56 ページと同内容）をします。タオルで全体の水分をおさえてから、両手を左右に動かして、頭皮の水分をふきとります。ゴシゴシせずに、勢いをつけて軽めにふきます。髪の毛の水分はタオルではさむようにして、パンパンとふきとります。髪をこすり合わせるようにふきとるのは、キューティクルが傷つくので NG。

2 保護のためのオイル※をつける

※オイル＝
アウトバスタイプの
オイルで、
ドライヤーの熱から
守る効果があるもの。
ヘアクリームや
ヘアミルクなどでも良い。
髪の状態に合わせて選ぶ。
（73ページへ）

オイルは髪の毛先から中間をメインにつける。

シャンプー後の髪は放っておくと乾燥し、パサパサになってしまいます。乾燥防止と、ドライヤーの熱から守るために、オイルをつけて髪を保護します。オイルは傷みの多い髪の毛先から中間に向かってつけ、上から下に伸ばしましょう。根元、頭皮にはつけないように。前髪につけるときはベタついて見えることがないよう、根元につかないようにしましょう。

3 ドライヤーで頭皮と毛穴を乾かす

気になるうねりや
クセ毛などを
夜のうちにしっかり
とっておく

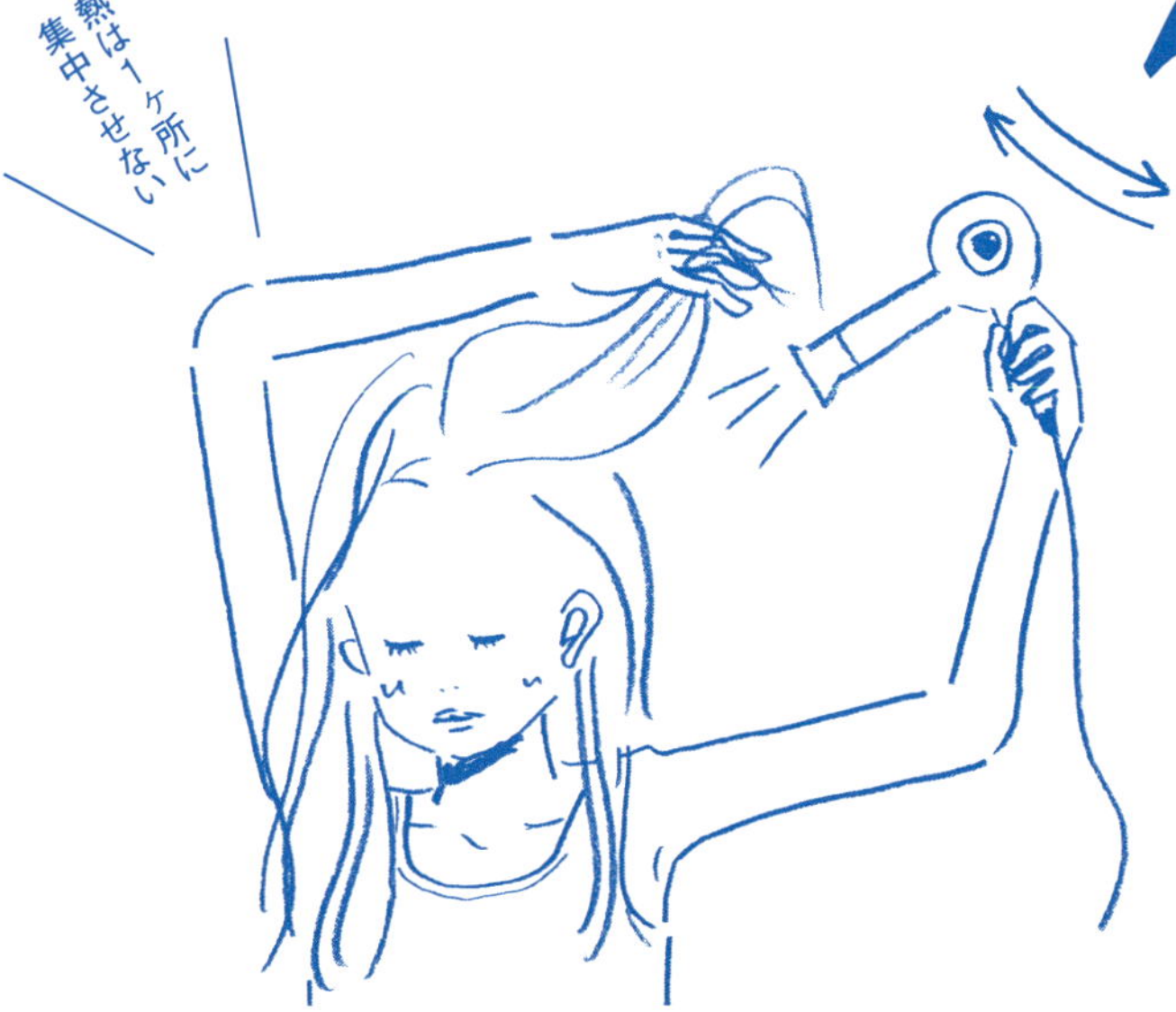

ドライヤーでザッと乾かしたらスタイリングへ（69ページ〜参照）。

水分が残りやすい頭皮からドライヤーで乾かします。親指以外の指で、根元から髪をかきあげるようにし、15 ～ 20センチ離れた位置からドライヤーの風をあてます。熱が１ヵ所に集中して火傷しないよう、手早く頭皮全体をザッと乾かしたら、髪全体にも風を軽くあてます。次に髪質に合わせてしっかりスタイリングします（タイプ別に合わせて69ページ～参照）。スタイリングやツヤ出し不要の場合は**4**へ。

4 最後に冷風をあてて ヘアスタイルをキープする

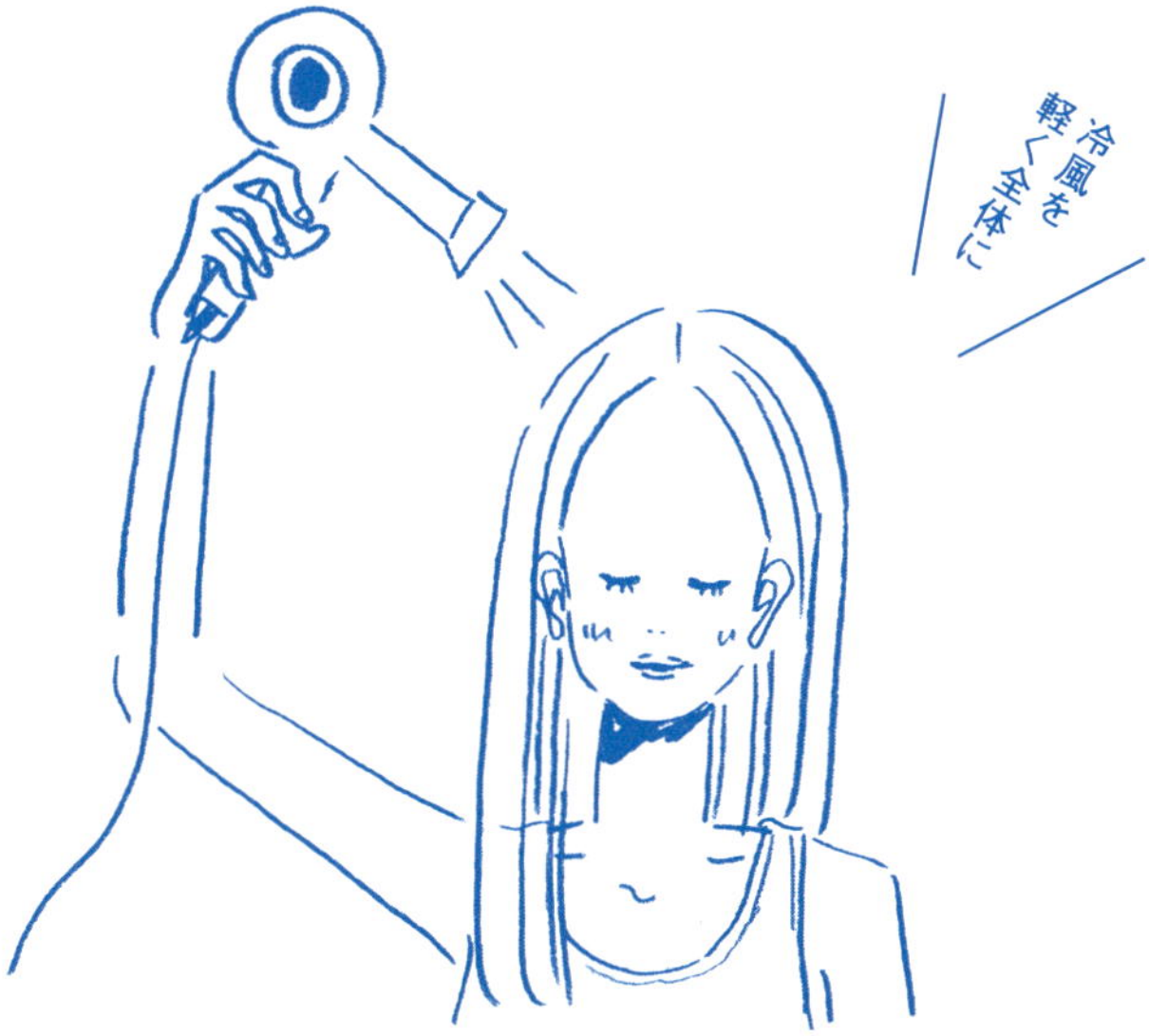

温度が下がったときに 髪のクセはつく。

髪は温度が下がったときにクセがつきます。最後の仕上げに、冷風を軽く全体にあてておきましょう。根元の立ち上げや、ブラシを使ってくせ毛を伸ばすなどのスタイリングをするときは（69 ページ～参照）、温風の後に冷風をあてて、スタイルをキープさせます（冷風機能がないときは、ドライヤーをあてずにそのままの姿勢で数秒キープしているだけでも、髪の温度は下がるので OK です）。

朝のスタイリング準備

夜のスタイリングがうまくできていれば、
朝は時間をかけずにヘアスタイルを作ることができます。

夜のスタイリングの
おかげで寝ぐせも
うねり毛もなし!

Styling for Morning

朝起きたら
すぐにスタイリング可能

クセが残っていたら根元を濡らす。
ボリューム不足はマジックカーラーを。

夜のスタイリングがうまくできれば、寝ぐせやうねりが出ていない状態で朝からスタイリングを始められます。ヘアスタイルに合わせたスタイリング剤を選び、セットをキープします。クセなどが出たとき、ドライヤーを使うときは、霧吹きなどで髪の根元から濡らしてスタイリングをし直します。根元のボリュームが足りないときは、マジックカーラーを髪の根元に巻いて放置し、ボリュームを取り戻すといいでしょう。

タイプ別スタイリング

目的や髪質に合わせて、髪をスタイリングします。しっかりクセづけしたいときは、夜もおこないます（スタイリング剤はつけない）。

Styling type

タイプ1

髪をふんわりボリュームアップ

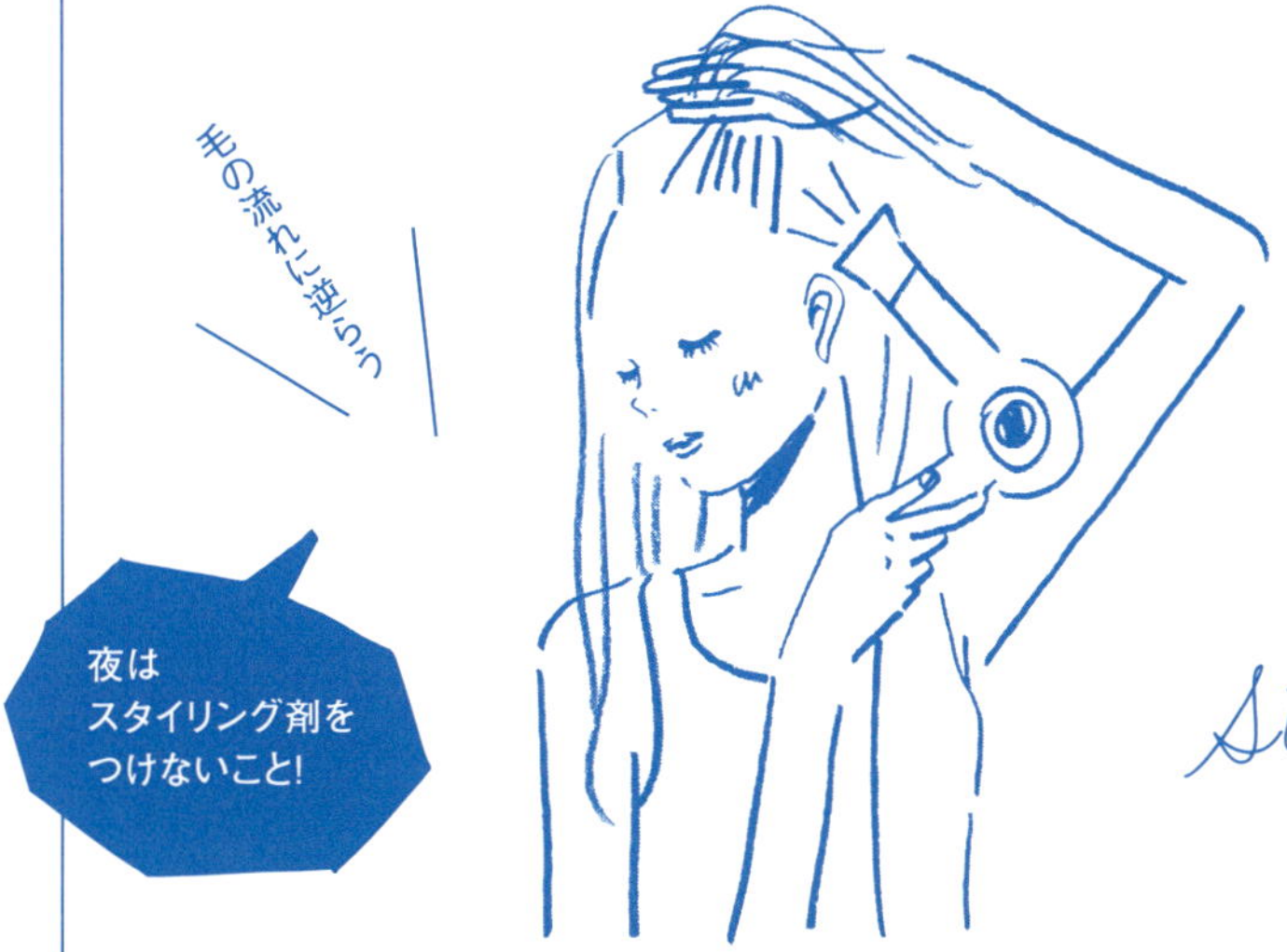
毛の流れに逆らう
夜は
スタイリング剤を
つけないこと!

毛先をふんわりさせるときは、ヘアブラシで大きめに巻く。

ふんわりした毛先にするには、最初に根元を立ち上げる（右の記述を参照）ことで、毛先を浮かせた状態にします。ブラシで大きめのカールをつけるように毛先を巻き、温風で乾かし、冷風で固定します。

根元をふんわりさせるときは、ドライヤーを毛の流れと反対向きに。

毛の流れとは反対の向きから、根元の髪の毛を親指以外の指ではさみ、軽く上に立ち上げるようにします。ドライヤーの熱をあて、髪が乾いたら冷風で固定します。根元を立ち上げるときは、ドライヤーも毛の流れとは反対向きにあてます。

クセを生かして、パーマのようにスタイリング。

髪の毛を縦に4分割するようにブロッキングし、ひとつずつねじって温風をあて、冷風で固定します。朝のスタイリング前には、オイルと少量のワックスを混ぜて、毛先につけておきましょう。

まっすぐに伸ばしてストレートヘアに。

ブラシを使うか、手の指で髪をはさむようにするかして、髪をまっすぐに伸ばした状態でドライヤーの温風をあてます。軽く引っぱるように、ピンとした状態を作るのがポイントです。冷風をあてて固定します。

タイプ2 縮毛を好みに合わせてスタイリング

ねじってパーマ風に
夜はスタイリング剤をつけないこと！

タイプ
3

髪のうねりをとって ストレートヘアに

保湿が必須！
夜は
スタイリング剤を
つけないこと！

髪のうねりが、なかなかとれない時は…。

朝のスタイリングのとき、うねりがなかなかとれない、ヘアスタイルをしっかりキープしたいときは、少し固まるタイプのヘアスプレーを１秒ほど髪表面にかけてから、髪を伸ばします。スプレーのキープ力により、きれいに伸ばすことができます。

どんな髪のうねりでも、保湿が重要。

ドライヤー前に、根元近くから髪の毛をしっかりと保湿しておきます。手の指で髪をはさむようにするかブラシを使って、髪を軽く引っぱるように伸ばし、斜め上の角度から温風をあて、冷風で固定します。

斜め方向からドライヤーをあてて、温風、冷風でキューティクルを整える。

ドライヤーを髪から15センチほど離し、真上や真横からではなく、斜め方向（35～45度）から上から下に向かってあてていきます。熱によって髪表面のキューティクルが整い、仕上げに冷風をあてることでツヤが出てきます。手ぐし、ブラシのどちらでもツヤは出ます。ストレートヘアのほうがツヤは出やすいです。

タイプ 4

美容室帰りのような、ツヤを出したい

直角にドライヤーを
あてない
45°
夜は
スタイリング剤を
つけないこと！

スタイリング剤について

種類が豊富でどれにしたらいいか迷うスタイリング剤。
作りたいスタイルに応じた選択が成功のポイント。

ヘアオイル

ダメージヘアを保湿し、熱や紫外線から保護

シャンプー後、濡れた髪につける保護・保湿剤。傷んだ髪を保湿するが、つけすぎるとベタつきの原因になるので注意する。

ヘアクリーム・ミルク

パサつきをおさえて、潤いのある仕上がりに

オイルと同じように、シャンプー後、濡れた髪につける保湿剤。クリーム、ミルク状ともに、しっとりとした仕上がりになる。

ヘアウォーター

寝ぐせを直すものでセットの持続力はなし

朝に出てしまった寝ぐせやクセにスプレーして、髪を伸ばしやすくする。ヘアスタイルのセット、持続力は期待できない。

スタイリングローション

熱から髪を守り、セットの持続力がある

スタイリング用のローションで、熱から髪を守り、保湿効果も含まれている。軽いカールなどを持続させることができる。

ワックス

髪の毛束感、流れ、毛先に動きをつける

手で伸ばすようにしてつける。固定力のあるもの、ニュアンスを出せるものなど種類が豊富。毛束感や動きをつけられる。

ジェル

髪をまとめて、濡れたようなツヤ感

ゼリー状の整髪料で、ツヤがあり、毛束感を出すことができる。ハードに固めるものが多く、手直しができないので注意。

ヘアスプレー

ヘアスタイルを固定キープ力も選べる

スタイリングの仕上げに全体や部分にスプレーして、固定させることが多い。ハードやナチュラルなどキープ力は種類豊富。

ヘアミスト

香りがついているタイプが多い

噴霧状で、主成分は水。髪を軽やかに保湿するもの。香りのあるタイプが多く、髪に香りをつける目的で使用することも。

Point

すべて、頭皮にはつけないようにする

スタイリング Q＆A

乾かし方、スタイリングの方法をさらに紹介します。髪を傷めないよう、時間をかけ過ぎないようにしましょう。

自然乾燥するとどうなる?

絶対NG!! 髪が傷み、雑菌繁殖の原因に

髪が濡れている状態は髪が傷つき、頭皮が濡れている状態は雑菌が繁殖しやすくなります。頭皮の水分をよくタオルなどでふきとり、髪をオイル（※）でしっかり保護してから、ドライヤーで乾かしましょう。

※オイル＝アウトバスタイプのオイルで、ドライヤーの熱から守る効果があるもの。ヘアクリームやヘアミルクなどでも良い。髪の状態に合わせて選ぶ。(73ページへ)

白髪染め、カラーリングヘアの乾かし方は?

オイルで保湿をしてしっかりと乾かし、染料の流出を防ぐ

保湿していない乾いた髪や半乾きの状態は、キューティクルが傷つきやすく、放置しておくと色落ちの原因になります。オイル（※）で保湿をしてから、全体をしっかり乾かします。

スタイリング用のブラシはどんなものを使えばいい?

プラスチック製は避けて、動物の毛で作られたブラシを使う

プラスチック製のブラシはキューティクルを傷つけます。シャンプー前のブラッシングと同様に、まさつの少ない動物の毛（豚毛・猪毛など）で作った、ロールブラシを使うといいでしょう。

ドライヤーはどんなものがおすすめ?

風量があり、温風・冷風機能のついているもの

風量があり、温冷両方の機能がついているのがおすすめです。また、イオンやオゾンの発生機能がある高機能性ドライヤーも良いです。冷風はキューティクルを整え、スタイリングのクセづけによく効きます。温風と冷風を上手に使い分けしましょう。

パーマをうまく復活させるコツは?

半乾きの状態でヘアドライしながらパーマを引き出す

パーマは濡れた状態のほうが強く出ています。半乾き状態までドライヤーで乾かしたら、縦に 4 つに分けて髪をブロッキングし（70 ページの図と同じ）ます。パーマが伸びないよう手で持つようにして、ドライヤーの風を入れるように乾かします。温風と冷風を使い分けて、冷風でクセづけし、スタイリング剤をつけてキープします。

ヘアアイロンは使わないほうがいいの?

温度調節のできるもので、保湿を忘れずに

高温のヘアアイロンで髪を引っぱったり、クセづけするのはキューティクルを傷つけているのと同じことです。使用する場合は、オイルなどで熱から髪をしっかり保護し、温度調節のできる、高機能のヘアアイロンを使いましょう。

日中スタイリングがくずれたら?

スタイリングし直す、スタイリング方法などを見直す必要も

くずれてしまったら残念ながら、またスタイリングをし直すしかありません。くずれやすさが気になる場合には、スタイリング方法、スタイリング剤、髪質とスタイルのバランスを見直してみるのがいいかもしれません。

column 4

1日1分、頭皮マッサージ

頭皮を動かして血流アップ！

13ページで触れたように、頭頂部には、帽《ほう》状《じょう》腱《けん》膜《まく》があるだけで、脳が命令して動かせる筋肉はありません。ストレスなどで血流が滞ると頭皮は固くなり、血行不良の状態になります。必要な栄養と酸素、ホルモンなどが十分に頭皮にめぐらず、エイジング・トラブルを引き起こす原因になります。予防のために、1日1分でいいので、指の腹で大きく動かすようにして、頭皮をマッサージしましょう。血行を促進し、ホルモンバランスを整える効果があります。

Part 4

パート4

繰り返すトラブルとはさよなら！

いつでも
自信のある髪に

Shining Hair

いくつになっても
輝きのある髪に！

エイジングの悩み、あきらめていませんか？

エイジングの悩みを隠してばかりいませんか?

白髪がうまく染まらないので、目立たないように髪をしばっている。薄毛が気になって帽子ばかりかぶっている。こんな話をよく聞きますが、それはとてももったいないことです。エイジングを避けることはできませんが、目立たなくさせる方法はあります。大切なのはトラブルの原因を知ることです。このパートでは、エイジングにおける髪の具体的な悩みに答えていきます。

　エイジングの悩みに負けて、ヘアスタイルを楽しめないのは残念なことです。繰り返す悩みを解決して、いつでも自信のある髪を手に入れましょう。

同じトラブルを
繰り返して
いませんか?

解消法を知り
自由に髪型を
楽しむ

原因と向き合い
悩みに再チャレンジ

Question 1

カラーがうまく
染まらないのはなぜ？

過剰な皮脂が髪をコーティングしている場合も

カラーがうまく染まらない原因としてまず考えられるのが、皮脂が過剰に出ていて、髪をコーティングしてしまっている可能性です〈※1〉。ヘアケア商品などで髪をコーティングしてしまっていて、よく洗い落とせていない場合もあります。あるいはエイジングによる髪の成分バランスの変化が影響しているのかも。頭皮ケアをしながら、髪に必要な栄養をサプリメントなどで補給するのもいいでしょう。

数日前から集中トリートメントを

カラーをする2、3日前から、カラー剤が定着しやすいよう、タンパク質を多く配合したトリートメントを使う、集中トリートメントも効果的です。カラーの後は、カラー剤を定着させるために24時間は髪を洗わないことを守りましょう。補修力の高いシャンプー剤を使い、カラー剤の持ちを良くするよう心がけます。

Advice

- ✓ 皮脂分泌などによる、髪のコーティングをとる
- ✓ エイジングによる
  髪の成分バランスのくずれを整える
- ✓ カラーリングの 2、3 日前からトリートメントを

※頭皮ケアとは?
▶ 12 〜 13 ページへ
※集中トリートメントとは?
※補修力の高いシャンプーとは?
▶ 96 〜 97 ページへ

※1　頭皮ケアをしても、
自宅でのシャンプーでは
取りきれないことも考えられます。
美容室、専門サロンなどに相談し、
プロのケアを受けましょう。

Question 9

縮毛矯正を繰り返して髪がゴワゴワ

※集中トリートメントとは？
※縮毛矯正とストレートパーマの違いは？
▶ 96 ～ 97 ページへ

Advice

- ✔ 髪表面の保湿、内部の補修を続ける
- ✔ 施術間隔があくようにケアを心がける
- ✔ 技術にこだわったお店を探す

保湿しながら髪内部の補修を続ける

エイジングによるうねりやくせ毛がひどく、すぐに症状が出てきてしまう場合、縮毛矯正のパーマを根元にかけるのは選択肢のひとつとして考えても良いことです。ただ、薬剤と熱によって受けた髪のダメージを治すのは非常に難しいこと。縮毛矯正によって髪がゴワゴワになってしまった場合は、髪表面の保湿を心がけ、熱によって失われた内部の補修をトリートメントなどで補います。時には思い切って美容室を替えてみても良いでしょう。薬剤や、熱変性させにくいアイロン技術にこだわったお店であるかをよく調べましょう。

なるべく施術の間隔があくように心がける

髪のダメージを回復させるためには、できるなら3ヶ月～半年、施術の間隔をあけたほうがいいでしょう。カラーリングと一緒には施術しない、髪表面の保湿を心がけ、縮毛矯正する2、3日前から集中トリートメントをすることで仕上がりと持ちが良くなります。その後も定期的にトリートメントをし続けましょう。

Question 3

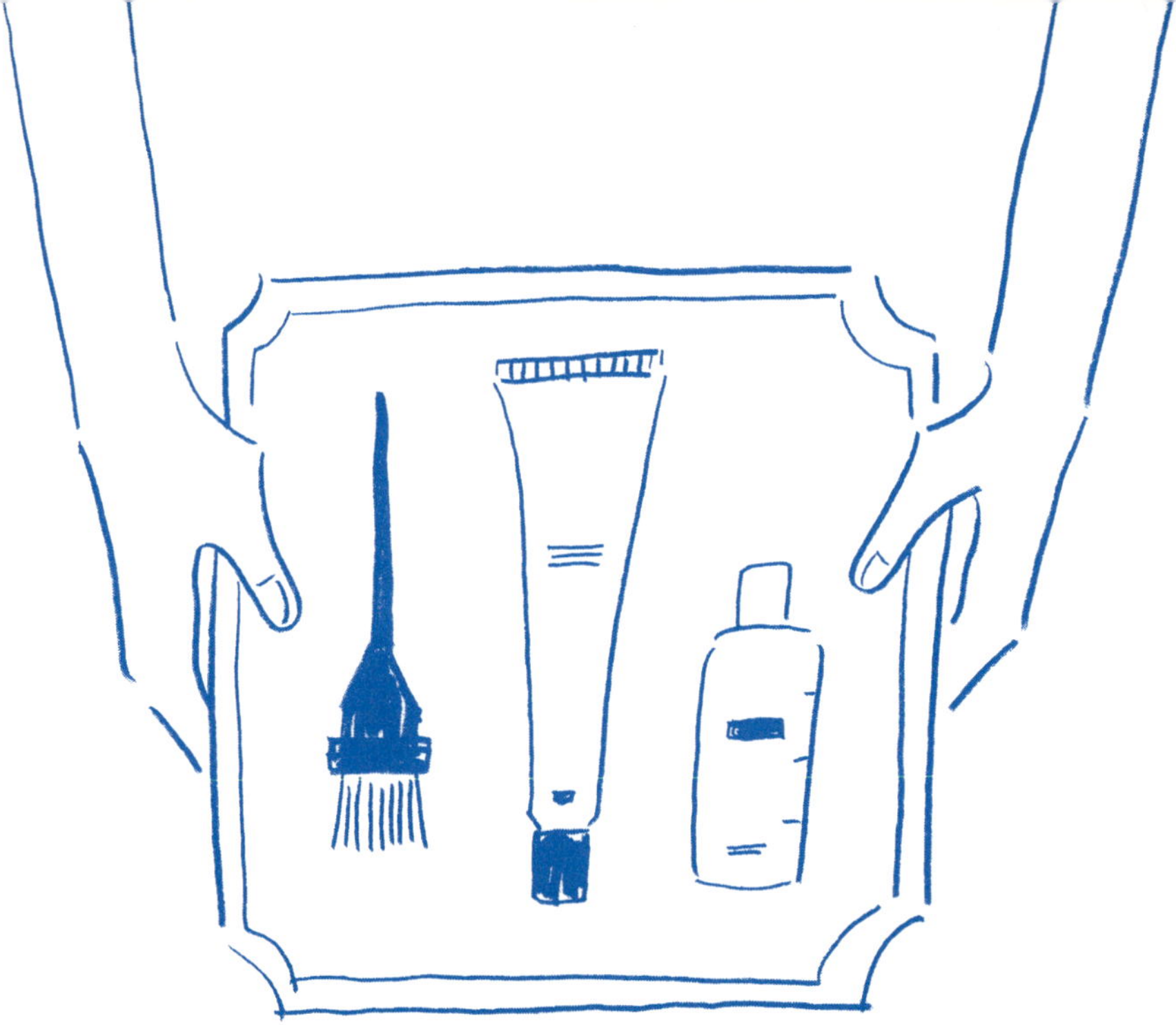

白髪染めがすぐ落ちる。どうしたらいい？

白髪染め薬剤と髪の見極め

白髪染めというのは高度な技術です。美容室では、地毛や白髪の量を見ながら染め分けていきますが、ホームカラーではそれができないので、失敗し、すぐに落ちてくるということが多いのです。原因としてはさまざまなことが考えられますが、中でも重要なのは髪の状態・状況に合った薬液がきちんと使われているかです。髪質（色落ちしやすいか）など自分でもわからないことは、美容師さんに相談してみると良いでしょう。

ホームカラーの場合は保湿を十分に

白髪染めを繰り返し、ダメージが多い状態だと染料も落ちやすくなります。髪表面の保湿を心がけ、薬剤で受けた内部のダメージを補修する栄養分（タンパク質など）が多く配合されたトリートメントの使用を続けましょう。薬剤を替えてみるほか、色の選択を見直してみるのも良いでしょう。明るい色を選んだ場合は、薄くしか色が入らず、白髪浮きした状況になりがちです。暗めにしてみるのもいいでしょう。

Advice

- ✓ 薬剤を替えてみる
- ✓ 保湿を心がける
- ✓ うまくいかない場合は美容師さんに相談する

※白髪染めのメカニズムとは？
▶ 98 ページへ

Question 4

育毛剤って効くのでしょうか？

正しい使い方をすれば効果はあります

自分の髪の状態・悩みに合った適切な育毛剤が使用できているか、育毛剤が浸透しやすい頭皮の環境ができているかが重要です。毛穴が脂でつまり、血流もとどこおっている場合、高価な育毛剤でも効果は半減してしまいます。正しい育毛剤を選択し、あわせて頭皮ケアをおこなうことが大切です。また、育毛は個人差によることが大きく、状態により根気強く継続する必要があります。ヘアサイクルのことも考え、最低でも3ヶ月～半年以上継続しましょう。薄毛や脱毛の深刻な悩みなど、プロの的確なアドバイスが必要な場合もあります。専門サロンで育毛剤の使い方やマッサージなど指導してもらうのもいいでしょう。

育毛剤は頭皮や髪に活力を与えるための養毛料

育毛剤を使う目安は、髪が細くなってきた、根元が立ち上がらなくなってきたというとき。脱毛を防ぐために活力を与える養毛料として使用するのもいいでしょう。

Advice

- ✓ 最低でも3ヶ月以上継続する
- ✓ 悩みにあった育毛剤を使用する
- ✓ 専門サロンで的確な指導を受ける

育毛剤の種類

- **頭皮の脂の質を変えるタイプ**
  脂の質を変化させ、ホルモンコントロールで改善・予防
- **男性ホルモンを抑制するタイプ**
  AGA（男性型脱毛症）の改善・予防
- **血行を促進させるタイプ**
  ストレスや生活習慣の乱れなどによる血行不良を改善・予防
- **毛母細胞を活性化するタイプ**
  頭皮環境の悪化により、毛母細胞の働きが弱まっている場合の抜け毛・細毛の改善・予防
- **毛母細胞に栄養を補給するタイプ**
  髪の毛に必要な栄養が不足している抜け毛・細毛の改善・予防

※ヘアサイクルとは？　▶ 38 ページへ
※頭皮マッサージとは？　▶ 76 ページへ

Question 5

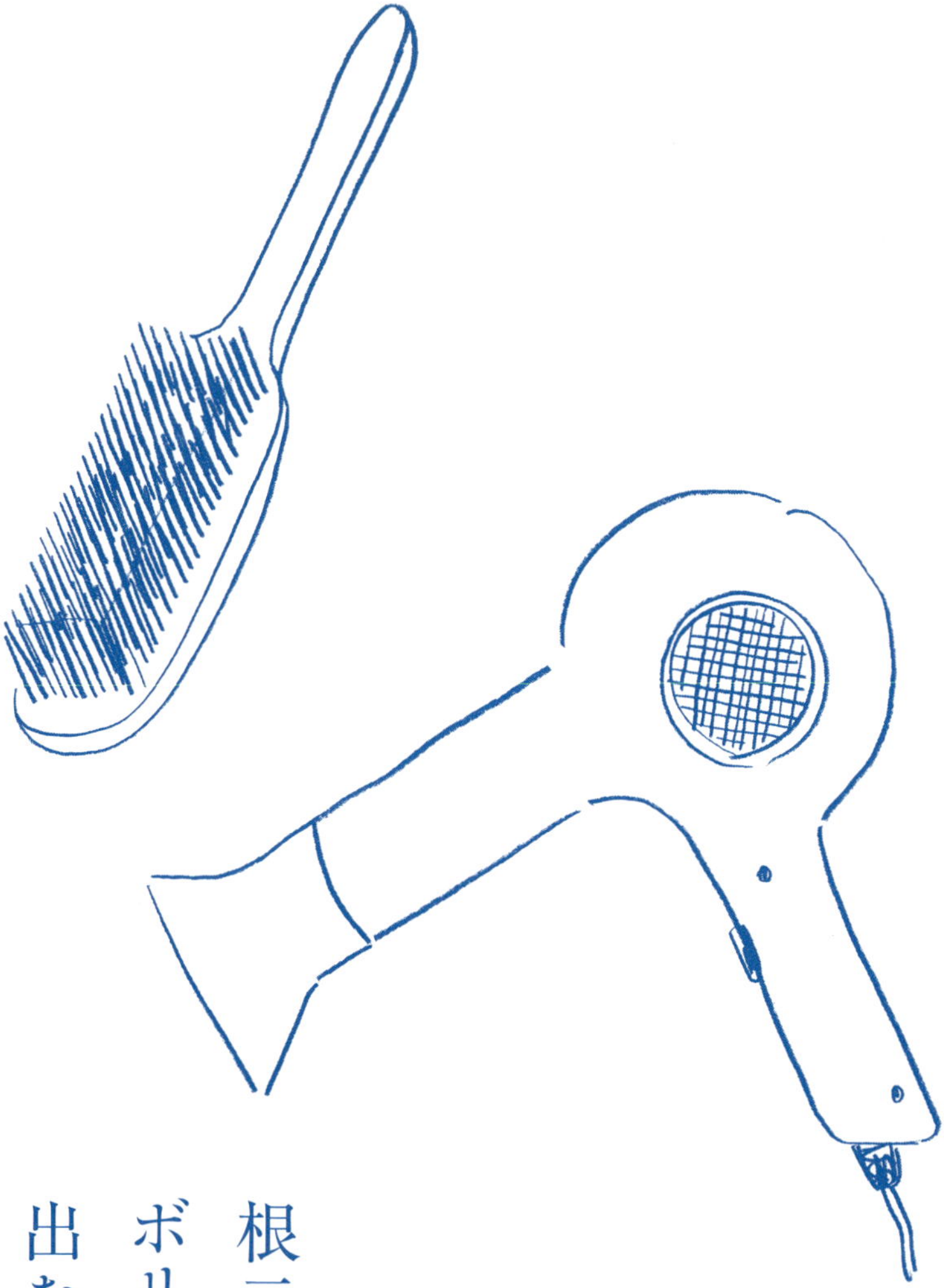

根元の
ボリュームが
出ない

Advice

- ✔ パーマやスタイリングで立ち上げる
  ▶ 64 ページ〜参照
- ✔ ヘッドスパで毛穴ケアをする

パーマやスタイリングでボリュームを出す

根元にボリュームを出したいときは、根元にパーマをかけたり、毎日のスタイリングで工夫するのが有効的です。スタイリングの第一のポイントは、シャンプー後、夜のドライヤーでしっかり根元を立ち上げておくことです。朝のスタイリングでもう一度立ち上げ、さらにマジックカーラーなどで根元をクセづけしておきます（62ページ〜参照）。髪の分け目を定期的に変える、根元を立ち上がらせながらドライヤーをかけるなど、スタイリング方法を確認し直し、根元のボリュームダウンを避けられるよう気をつけましょう。髪質による問題もあるので、美容師さんに相談してみるのもいいでしょう。

ヘッドスパで毛穴から改善させる

エイジングが原因で起きた髪質や生えグセの変化による根元のボリュームダウンの場合、ヘッドスパも有効的です。ヘッドスパで毛穴の脂をとりのぞき、頭皮と毛穴のたるみを改善することで、根元の立ち上がりが良くなることが期待されます。

Question 6

朝おさえても
うねりや広がりが
出てくるのはなぜ？

Advice

- ✔ エイジングのサイン、頭皮ケアを心がける
- ✔ 水分を吸収しすぎないように、湿度コントロールを
- ✔ 夜のスタイリングで、うねりや広がりをおさえておく

▶ 64ページ～参照

エイジングのサイン、まずは頭皮ケアから始める

昔はなかったうねりやクセが最近強く出るようになった、という場合はエイジング・トラブルのサイン。頭皮の栄養不足や弾力不足などから、毛穴がゆがむことによって髪がうねり、広がりやくせ毛が起きていることが予想されます。頭皮を健やかに保ち、マッサージで血流を促進することが大切です。

とにかくしっかり保湿をする

湿気が多いと、髪の毛が水分を吸収して膨らみ、うねりや広がりの原因になります。乾燥が強いとより水分を吸収しやすくなるので、朝のスタイリングのときにオイルでしっかり保護します。オイルで髪に薄い膜を作ることにより、水分の吸収をおさえるのです。また、夜のシャンプー後のヘアドライで、十分に保湿をすれば、うねり、広がり、くせ毛をおさえやすくなります。

Question 7

サラサラしたつやめく髪になるには

キューティクルを守ることで美しい髪へ

髪がきれいに見えるのは、層になってうろこ状に重なっているキューティクルが整い、光が反射することによります。健康なサラサラとしたヘアは髪の芯がしっかりしていて、キューティクルが整っている状態。さらにツヤツヤ髪は保湿がされ栄養が十分に行き届き、しっかりした重みがある状態です。

毛先ではなく、頭皮からのケアを

理想の髪、健康的な髪にするには、毛先ではなく頭皮からのケアが重要です。毎日のシャンプーをしっかりおこない、頭皮と毛穴を健やかに保ち、健康的な張りのある、水分・油分のバランスがとれた髪の毛が生えるようにしましょう。長時間ブラッシングをしたり、ヘアアイロンを使用するのは髪にダメージを与えます。理想の髪は頭皮から手に入れましょう。

サラサラヘアー

- 濡れた髪はすぐに乾かし、キューティクルを保護する
- 頭皮のベタつきを解消する

ツヤツヤヘアー

- こまめにトリートメントをおこない、保湿を心がける
- 頭皮、髪に栄養を与える

※キューティクルの保護とは？ ▶ 96 ～ 97 ページへ
※頭皮のトラブル解消は？ ▶ 12 ～ 13 ページへ

Question 8

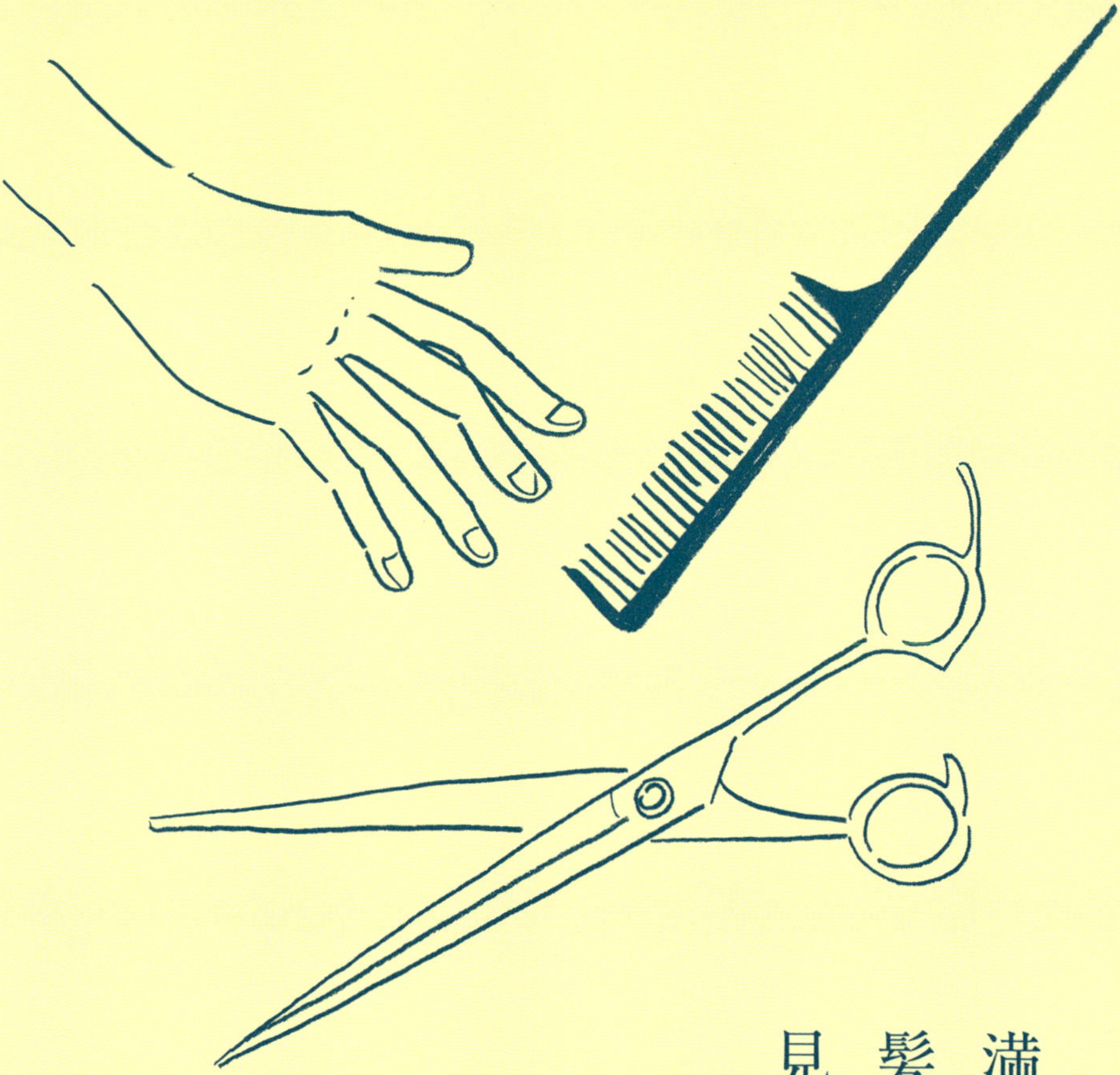

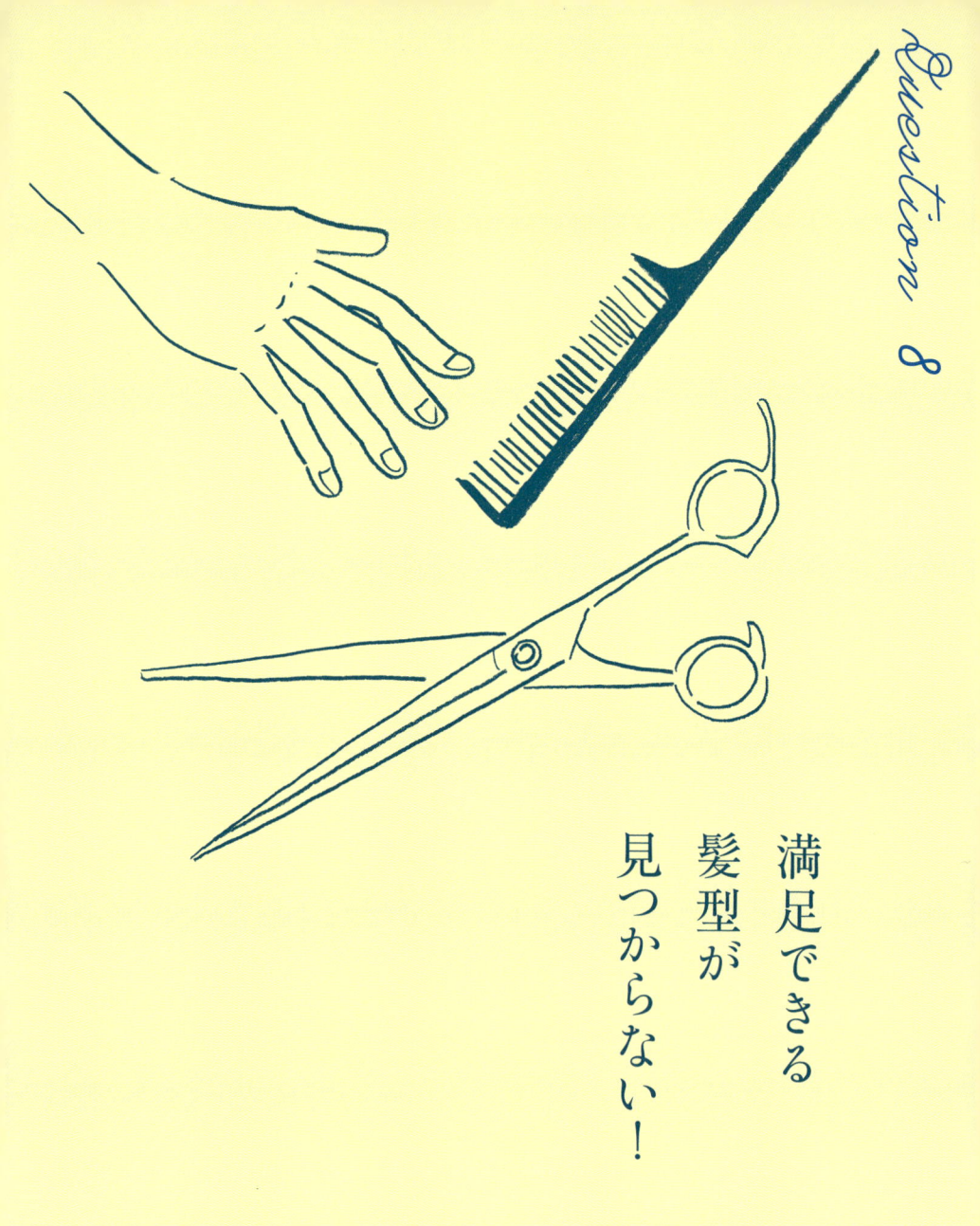

満足できる髪型が見つからない！

Advice

✓ 信頼できる美容師さんとの出会い

✓ イメージを共有し、理想の髪型を作る

信頼できる美容師さんとの出会いが大切

カタログだけで自分に本当に似合う髪型を見つけることはなかなか難しいことです。なりたいイメージに自分らしさをプラスしてくれる美容師さんとの出会いが大切です。なりたいイメージがなくても、こんなふうに見られたい、こんな雰囲気にしたい、などといった相談にのってくれ、一緒にイメージを作ってくれるような美容師さんだと理想です。もちろん、髪型だけに関わらず、頭皮や髪の状態をきちんと見極め、エイジングケアにも対応できる知識や技術を持っている美容師さんであることもエイジング世代にとっては重要です。男性と女性の美容師さんではカットのテイストが違うこともあります。美容室探しで迷ったときは、お店のコンセプトが手がかりになります。

トラブルに合わせながら、髪型をあきらめない

エイジング・トラブルが原因で好きな髪型をあきらめるのはさみしいことです。美容師さんに相談し、トラブルをカバーしながら、理想の髪型を楽しみましょう。

髪のQ&A

本文中に出てきたポイントと合わせて、
髪にまつわるあれこれにお答えします。

補修力の高いシャンプーとは？

髪を補修する良質のタンパク質を配合しているもの

毛幹（16ページへ）は、自力では修復することはできません（10～11ページへ）。内部からタンパク質が減少してしまった状態の髪に、良質なタンパク質が配合された成分を与え、髪の毛を補修します。トリートメントも同様です。

髪の断面図

縮毛矯正とストレートパーマの違いは？

まっすぐに戻すのがストレートパーマ まっすぐに伸ばすのが縮毛矯正

髪をまっすぐにするという点では同じですが、元の髪質がストレートかくせ毛かで選び方が変わります。髪の広がり、軽いうねりやクセならストレートパーマでOK。強いくせ毛や縮毛をまっすぐにしたいならば縮毛矯正をしましょう。どちらも髪にダメージがあるので、トリートメントなど前後のケアをしっかりとおこなうことが大切です。

キューティクルの保護とは？

細胞がきれいに整うよう、皮脂膜をはること

キューティクルとは、髪の毛の一番外側にあるうろこ状に重なっている層です。この層がダメージを受けて乱れると、髪はきれいに見えません。ヘアオイルなどで皮脂膜を作ることにより、層が整います。皮脂膜は髪をきれいに見せるのと同時に、ダメージを防ぐことができます。

白髪は抜いていい?

白髪は抜かずに根元ギリギリで切る

白髪は抜かないとまた生えてくる……、と考える人もいるようです。ただ、1つの毛穴から2～3本の毛が生えている状態で、1本を無理に抜くことは毛根を傷つける原因になり、他の毛にも影響します。白髪を見つけたら根元ギリギリでるのが無難です。

集中トリートメントとは?

カラーやパーマのダメージを防ぐための保湿・補修

カラーやパーマをする2、3日前から、トリートメントや、洗い流さないトリートメントなどで、栄養成分を毛髪内部に補修しておきましょう。傷んだ髪からのタンパク質の減少を防ぐため、良質なセラミドやタンパク質などが配合されているものを選びます。57ページで紹介しているスペシャルケアもおすすめです。

産後の抜け毛がひどいです。

栄養不足が原因 1年経っても続く場合は産院で相談を

産後の抜け毛は妊娠時に母体から胎児への栄養補給をすることで、髪への栄養が急激に不足するために起こります。産後は免疫力やホルモンバランスの低下、ライフスタイルの変化によるストレスなどで一時的に抜け毛が多くなります。栄養のある良い食事や睡眠をとることが一番ですが、栄養補助としてサプリメントで摂取するのもいいでしょう。

毛先を切ったら残りの髪は健康になる?

毛先を切っても残りの髪は健康にならない

毛幹は死んだ細胞（10～11ページへ）です。毛先などの髪の傷んだ部分を切ることで残った髪の毛がイキイキと健康になったり、伸びるスピードが速くなったりすることはありません。

元々の髪質は変えられないの?

髪質は変えられませんがトラブルを軽減することはできる

残念ながら、生まれもっての髪質は変えられません。遺伝もありますし、出産などを経て急に髪質が変わることもあります。頭皮ケアをおこない、それぞれの髪質に合ったケアをすることでトラブルを軽減させていきましょう。

column 5

白髪染めのタイプと染まり方

白髪染めを自分で使う場合の、タイプやダメージについて紹介します。
ダメージが強いもの／弱いもの、よく染まるものなど、特性を理解して
使い分けするのもいいでしょう。

〈 白髪染めのタイプ 〉

ヘアカラー	ヘアマニキュア	ヘアトリートメント	部分染め
市販品のなかで、もっとも多いタイプ。クリーム、泡、乳液などさまざまな種類がある。黒髪も白髪も一度脱色してから、染料を染み込ませている。効果も持続期間も長い。	脱色はせずに、染料を髪の表面にだけ定着させるもの。シャンプーのたびに染料が落ちて、元の色に戻る。キューティクルをコーティングするので、髪にツヤもでる。	シャンプー後にトリートメントをしながら、髪の表面に染料を定着させるもの。染まるまでに数日かかる場合も。ダメージは少ないが、使用頻度が多くなる。	小さいコームなどで、気になる部分だけ染めるので髪全体のダメージが少ない。全体染めをして、根元が伸びてきたときに使うのも良い。

〈 ヘアカラーの染まり方とダメージ 〉

効果的で、持続期間が長いのはヘアカラーです。キューティクルを薬剤で開いてから、染料を内部に浸透させ、元の髪の色を脱色して、新しい色を発色させます。髪の内部から色が定着しているので、１～２ヶ月持続させることが可能ですが、脱色剤も使用しているため髪にダメージを与えます。ヘアカラーをする前後にトリートメントなどをしっかりすることが大切です。

Bonus track

付録

エイジングは体にも…

全身ケアから髪を美しく！

Beautiful hair

食事、
睡眠、運動は
やっぱり大切です。

髪は体内を映し出す鏡

これまでに、年齢を重ねることで体内が老化するのと同様に、頭皮も老化し、さまざまなエイジング・トラブルが起きてくるという話をしてきました。髪は美容における大切なパーツのひとつですが、もうひとつの側面として、体の健康状態をあらわす重要な器官という役割も持っています。

人は食事などから栄養を取り入れ、生きるために必要なエネルギーを作ります。栄養が足りない場合、髪はすぐに不調をうったえ始めます。栄養不足や疲れ、睡眠不足などが起きると髪がパサついたり、爪に線が入るなどとよく聞きます。髪や爪は、体に不調が起きるとすぐに影響が出てくる器官なのです。老化によるエイジング・トラブル、女性ホルモンの乱れ、睡眠不足やストレス、更年期障害、成人病など原因はいろいろ考えられます。

髪は体内の調子を明確にあらわしています。髪に不調があらわれたときは、頭皮や髪にだけ原因を探らず、体からも何かしらのサインが出ていないか注意することが大切です。

栄養が十分に行き渡り、良質な睡眠がとれていて、代謝も良い状態であれば、髪はツヤツヤと健康に生えてきます。カラーリングやパーマでダメージを与えてしまっても、それに耐えうる強さを頭皮も髪も持つことができるのです。

美しく健康な頭皮と髪を作るために、頭皮ケアやマッサージとともに正しい食生活、代謝がアップする良質な睡眠、血行を良くする適度な運動などの全身ケアも心がけましょう。体が不調のままでは、頭皮も髪も本当に健康とは言えません。

※頭皮ケアについて ▶ 12 ページへ

Hair is like a

必要な栄養素をとる食生活

昔からよく髪に良いと言われている代表食材がワカメです。確かに、ワカメなどの海藻類にはヨウ素という成分が含まれています。ヨウ素とはホルモンの機能を高める重要なミネラル成分で、エイジング世代に欠かせないものです。ですが、髪を生やすには、まずは髪を構成するタンパク質をとることが大切です。

また、食事で大切なのはバランスです。タンパク質（肉・魚・大豆など）をとり、そのタンパク質を働かせるためにビタミンＢ群（卵、レバー、牛乳など）をとります。そしてさらにタンパク質と結びついてコラーゲンを作るビタミンＣ（果物、野菜など）、タンパク質の合成を促進させるホルモン原料のヨウ素（海藻類）が必要になります。このようにそれぞれの栄養素は作用し合って力を発揮していくのです。とくに、ビタミンは単体で摂取しても働きません。ビタミンＢ、Ｃ、Ａ、Ｅはミネラルとともに、チームで働いていくのです。でもこれでは毎日の管理が大変。大豆製品、野菜類、海藻類、貝類、白身魚、鶏肉……、体と髪のために、バランスの良い食事をとる必要がありますが、無理なくストレスを感じずに続けられることが一番です。時には効率良くとることも必要。栄養素をきちんととるために、青汁や野菜ジュース、サプリメントなどを活用するのも考え方のひとつです。

必要な栄養素で考えると、きちんと摂取できていないことが多かったり、体の代謝が悪いために栄養素を吸収しきれていないこともあります。良質な睡眠、適度な運動をして代謝を上げて、体への吸収を良くする意識を持つことが重要です。

毛幹は死んだ細胞ですが、毛母細胞は修復する能力を持っています。体が変わるのには食生活を見直してから3ヶ月～半年ぐらいの時間がかかりますが、エイジング・トラブルの解消、軽減のためには、毎日コツコツ継続していくことがやはり大切です。

生えてくる髪と頭皮で、体の状態が良くなってくることを感じられるようがんばりましょう。

めぐりの良い体作り

〝めぐりの良い体〟とは、良いものを体にめぐらせ、悪いものをきちんと出せる体のこと。体のどこかに悪いものを溜め込んでいると、調子がくずれ血流がとどこおり、頭皮に十分な栄養や酸素、ホルモンが行き渡らなくなることも。また、せっかく届いたとしても、質の良いものではないと頭皮や髪にも良くありません。代謝を上げ、ストレスを溜め込まないようにするだけで、体のめぐりはずっと良くなります。毎日の生活の中で、少しずつ意識しておこなってみましょう。

〈睡眠について〉質の良い睡眠をとることで自律神経を整え、代謝を上げることができます。自律神経はストレスを感じると乱れて血流に影響してきます。早い時間の就寝と質の良い睡眠が大切です。6~7時間の睡眠時間を確保できると良いでしょう。

Body making

〈気持ちを落ち着かせる〉エイジング世代は、ホルモン量の低下や乱れが起こります。その影響で、ストレスを感じたり、倦怠感、プチ鬱感を感じるようになります。こういったときは体にもかならず不調が起こります。そんなときはまず、ゆっくり深呼吸をおこないましょう。長く吸って、長く出す、これを繰り返します。これだけでも気持ちはずいぶん落ち着きます。

〈排泄について〉便秘が続くと、肌荒れを起こしたり、吹き出物が出たりと、肌への影響は知られています。腸内環境が悪いと体にも悪い影響が出てきます。不要なものを長く溜め込まないで、スムーズな便通を心がけましょう。

〈マッサージ・運動〉パソコン作業をするなど、同じ姿勢をとり続けることによって、首や肩がこって血流が悪くなります。頭皮マッサージで血流を良くするのと同じように、体のこりもほぐすようにマッサージしましょう。適度な運動で体を動かし、代謝を上げるのも大切です。

専門サロンでヘアケア

頭皮を健やかに保ち、頭皮マッサージをすることで、エイジング・トラブルを軽減させることはできます。しかし、トラブルの症状がかなり進行している場合や、すぐに効果を実感したいというときには、毛髪診断士の資格を有したスタッフがいる、専門サロンでのケアもおすすめです。頭皮と髪の状態をチェックしてもらい、症状に合わせた施術をしてもらいます。ホームケアとサロンケアを合わせることで、より確実に、早く効果を出すことが期待できます。

〈専門サロンで受けられるケア〉

・毛穴のクレンジング＝専門機器を使って、毛穴につまった脂や汚れをとりのぞき、頭皮の毛細血管を拡張し、活性化させます。

・髪のトリートメント＝じっくりとカスタマイズブレンドのトリートメント剤を浸透させ、傷んだ髪を補修します。

・頭皮のマッサージ＝頭皮の脂の質を改善するのを目的として、マッサージしながら老廃物を流し、頭皮をすっきりとさせます。

・体内環境のチェック＝髪に必要な必須ミネラルと不要ミネラルの体内での含有量などを専門の測定装置で測定します。

※サロン・ド・リジューのサロンメニューを参照したものです。

Hair care

おわりに Conclusion

5年先、10年先の美しい髪のために

広尾でスカルプケアとヘアケアに特化した専門サロンをオープンさせて13年。お客様の頭皮と髪に触れ、エイジングのお悩みをお聞きしてきました。問題を解決し、お客様に満足していただくためには、どのような取り組みが必要なのだろうか、わたしは従来のサロンケアを見つめ直し、エイジングにともなう変化（衰え）を改善する方法を、さまざまな角度から検討してきました。

その結果、サロン・ド・リジューは、よりメディカルな視点から発毛・育毛と向きあうことになりました。エイジング世代にとっては現状維持させることも、非常に大切なことです。ゆるやかにでも確実に、髪はエイジングを重ねていくからです。ですが、頭皮ケアとヘアケアをきちんと続けているかたの髪は、年齢よりも若さと美しさを保っています。メンテナンスがいかに大切かということです。

髪は間違いなく、若さのバロメーターであり、髪のコンディションは心身の健康を反映しています。美しい髪はわたし達に自信を与えてくれ、気持ちを前向きにしてくれ、宝石以上の輝きをもたらしてくれます。

本書では頭皮ケアを中心に、「トラブル知らずの頭皮と髪を目指す！」ことをテーマに紹介してきました。あまり専門的になりすぎないように、どなたにもわかりやすく、困ったときにすぐに本書を開いていただけるような構成にしています。みなさまのお役に立てればとてもうれしいです。

エイジング世代といっても人生はまだまだこれから。5年後、10年後のわたし達の髪が、イキイキと輝いていることをイメージしてみてください。ケアを続けながら、これからの10年をどのように過ごしていくのか、この意識を大切に、自分自身を愛でながら、美しいこの世代をともに過ごしましょう。

永本玲英子（サロン・ド・リジュー）

永本玲英子（Reeko Nagamoto）

「サロン・ド・リジュー」代表。毛髪診断士、日本抗加齢医学会正会員、日本健康医療学会健康医療コーディネーター。健康で美しい髪作りを目指してヘアケアとスカルプケアを追求し、日本初のヘアケアとスカルプケアに特化したサロン「サロン・ド・リジュー」を主宰。医師、毛髪診断士とともに髪と頭皮のためのオリジナル商品の開発にも取り組む。TV、ラジオ、雑誌などの出演も多数。著書に『頭皮毒デトックス　地肌力がみるみる再生!』（大森隆史との共著、コスモトゥーワン）、『デトックスで美髪になる!』（大森隆史との共著、学研）がある。
http://www.salon-de-rejue.com

STAFF

企画	株式会社産業編集センター
編集	青木奈保子（ルーズ）
デザイナー	近藤みどり
イラスト	田中麻里子

頭皮で解決！

髪のエイジング・トラブル

2015年6月15日　第一刷発行

監修　永本玲英子（サロン・ド・リジュー）

発行　株式会社産業編集センター
〒112-0011 東京都文京区千石4-39-17

印刷　株式会社シナノパブリッシングプレス

ISBN978-4-86311-115-8 C0077